思い切ってローンを組んでマンションを買った。

中古だがリノベーションしてとてもキレイになった、という話をしたら、同僚がびっくりするほど興味を持った。

自分も買おうかとずっと迷っているが、決心がつかない、と言う。

こんど、見にくる？　と聞くと、「いいの？　見たい！」と即答だった。

生まれてこのかた、自分の部屋に人を招いたことなど一度もない。

たぶん、心の底に「だれかに新居を見せて自慢したい」という気持ちが少し、あったかもしれない。

次の休日、最寄り駅で待ち合わせた同僚は、いつもと表情がまったく違った。頬があわく紅潮して、とても明るかった。

マンションのエントランスから「きれいだね！」と言われ、「鼻高々って、こういう気持ちなのか」と思った。うれしかった。

すごく広いね！　うらやましい！

うん、ひとりだとちょっと広いかと思ったんだけどね、狭いよりはいいかなと思って。

部屋の広さからインテリア、水回りの設備にいたるまですべて見て回り、いちいち感動してくれた。「ずっと考えていた」というのは本当なのだと思った。

雑談のポイントが、こまかくて的を射ている。

いいなあ、やっぱり、買おうかなあ。

何がいちばん、迷ってるの？　やっぱり、予算的なこと？

いや、なんだろう、やっぱり、ひとりだとさびしいかなと思ってさ。

その気持ちは、少しわかった。

自分ひとりでマンションを買ってしまったら、もうこの先はずっと「ひとり」だと、確定してしまう気がした。

もちろん、そんなことはないのだが、それでも、自分で自分の未来を塞いでしまうような、「おわり」にしてしまうような、おかしな感覚があった。

でも、買っちゃったら、そうでもないなと思うよ。別に、もし出会いとかあれば、ここでいっしょに住んでもいいし、売却もできるしね。

そうだね、このくらい広さがあれば、ふたりでもじゅうぶんか。

コーヒーを淹れにキッチンに立つと、背後から「ここの本、見てもいい？」と声がかかかった。リビングに少しだけ置いた本に興味がわいたらしい。
「いいよ」と返すと、しずかになった。
そのあと、ふたりでコーヒーを飲みながら話した。

でも、こんなに広いと、なんか、ひとりだなっていう感じがすごくしない？
さびしくない？

こんなことを言われたらふつう、腹が立ちそうなものだ。

だが、不思議と苛立ちはなかった。

あくまで自分自身の深い不安を、なかば独り言のように言っているだけだとわかったからだ。

引っ越してきてから1カ月ほど、実際さびしかったかどうか、あらためて自問してみた。


うん、さびしくはないよ。もともと、あまりさびしがりやじゃないから。ひとりでいるほうが好きだし。旅行とかもひとりのほうがいいし。


少し沈黙してから、同僚は手元の文庫本をとりあげた。

そして、おどろいたことに、声に出して数行読んだ。

さびしい人格が私の友を呼ぶ、
わが見知らぬ友よ、早くきたれ、
ここの古い椅子に腰をかけて、二人でしづかに話してゐよう、
なにも悲しむことなく、きみと私でしづかな幸福な日をくらさう、

息を呑んで、じっと聴いた。胸がつんと痛んだ。

この詩が好きでね、ずっとこういう気持ちでいたから、何かあきらめきれなくて、ずっとさびしい気持ちで。でも、それは「さびしい人格」だからそうなのかな。さびしい人格でなければ、さびしくないのかな。

へんなこと聞いてゴメンね、と笑って謝られて、ふわりと緊張が解けた。
しかし「さびしい」ということにこれほどこだわる人がいるんだな、と、おどろいた。自分は、本当にさびしくないのだろうか。よくわからない。
もしかしたら、さびしいって思うのがコワイ気持ちもあるのかも。さびしいと思っちゃったら、本当にさびしくなっちゃいそうで。認めたくないというか。

同僚は微笑んだ。

さびしいと思っても大丈夫だよ、さびしいってそんなにつらくないし。それに、自分がさびしいんだとわかっていると、いいこともあるし。

いいこと。

だって、自分がさびしいってわかっていたら、人がさびしいのもわかるよ。おたがいさびしいってわかったら、それが出会いかもしれないし。

自分がさびしいって認めない人は、人がさびしいのも認められないんだよ。

あっ、そういう人がいたんだ？

あー、うん。

苦笑いを受けて、ふたりであらためて、笑ったのだった。

（引用部「さびしい人格」『萩原朔太郎詩集』三好達治選　岩波文庫）

3年の星占い 2021-2023

leo

獅子座

石井ゆかり

すみれ書房

人間関係、大変容!

はじめに

こんにちは、石井ゆかりです。

本書は、いわゆる「西洋占星術」の手法で、２０２１年から２０２３年の流れを読み解く本です。

星占いは今日とてもポピュラーで、その手法もだんだんと世に広まってきています。私が星占いを学び始めた20数年前とは、隔世の感があります。

星占いは厳密には「誕生日で区切った、12種類の性格占い」ではありません。

たとえば「私は獅子座です」と言うとき、これは正確には「私が生まれた瞬間、空の獅子座のエリアに、太陽が位置していました」ということになります。

一般に言う「12星座占い」は、正確には「太陽星座占い（生まれたときの太陽の位置を基準にした占い）」です。

いわば、生まれたときからあなたのなかに輝き続けている太陽と、今、天に光っている星々が、たがいに呼び合う声を聴く、そんな占いが「星占い」なのです。

本書は「3年」という時間の流れを射程に入れています。

「3年」には、「石の上にも三年」「桃栗三年柿八年」のように、「ある程度時間がかかることが完成する期間」というイメージがあります。

実際、日本では中学校や高校は3年で卒業です。

であれば、この「3年」の入り口で何かしら目標を掲げたら、3年後にはそれが叶っている可能性が高い、と言えるかもしれません。

星の動きから見ても、2021年から2023年は星座を問わず、特に「時間のかかる目標」を掲げるのにふさわしいタイミングです。

というのも、2020年12月に起こった「グレート・コンジャンクション（木星と土星の会合）」は、約200年を刻む「時代」の節目となっていました。

産業革命に始まった資本の時代、お金とモノの所有が人々の目標となった「地の時代」が終わり、新たに「風の時代」、すなわち、知や関係性、情報、コミュニケーション、テクノロジー、ネットワークなどが力を持つ時代が始まったのです。

2020年はみなさんも体験された通り、「いつも通りの生活」が世界規模で吹き飛ばされる時間となりました。

多くの人が命を落とす悲劇が起こりました。さらに、生き延びた人々の多くが、大切なものを失い、生き方そのものを変更せざるを得なくなりました。

過去200年のなかで私たちが培った価値観のいくばくかは、思いがけないかたちで消え去ったのです。

占星術を知る人々のあいだでは「2020年は大変な年になりそうだ」という予測は多くなされていて、私自身、そうしたコメントを雑誌などに出してはいたのですが、これほどのことが起こるとは想像していませんでした。むしろ、もっと人為的な、大きな国際紛争などが起こるのではないかと考えていたのです。最後の「地の星座の時間」は、文字通り大自然に震撼させられる年となりました。

そして、「風の星座の200年」の幕開け、2021年が到来します。

「風の時代」の始まりの2021年、多くの人が新たな価値観を選び、生き方を選び、新しい夢を描くことになるでしょう。

多くの悲しみと苦悩の向こうで、人々は、希望をつかもうとするはずです。

これまでできなかったことも、できるようになるかもしれません。

かつてとはまったく違う「新しい自分」に出会えるかもしれません。

本書を手に取ったあなたの心も、すでに新しい時間の息吹を、少しずつでも感じ取っているはずです。


何かを新しく始めるときや、未知の世界に歩を進めるときは、だれでも不安や恐怖を感じるものだと思います。

この3年のなかで、あなたもそんな「始まりへの怯え」を感じる場面があるかもしれません。

そんなとき、本書から「大丈夫だよ！」という声を聞き取っていただけたなら、これほどうれしいことはありません！

3年の星占い―獅子座―2021年―2023年◎目次

第2章 1年ごとのメモ

第3章 テーマ別の占い

ブックデザイン
石松あや
（しまりすデザインセンター）

イラスト
本田亮

DTP
つむらともこ

校正
鷗来堂

第1章

3年間の風景

3年間の風景

《2021年から2023年の獅子座を、ひとつの「風景」として描いてみます。そのあとで、「風景」に見えたもの（文中ハイライト）をひとつずつ、日常的・具体的な言葉で読みといていきます》

あなたは無人島にひとり、立っていました。
そこに**もうひとり、見知らぬ人物**が漂着しました。
あなたは喜び勇んで、その人と話そうとしましたが、**言葉がまったく通じません。**
おたがいに相手の言葉を知らなかったのです。
でも、どうしても意思の疎通をしたいふたりは、懸命に絵を描いたり、身振りをしたりして、**話をしようと試み続けました。**

少しずつわかることが増え、ふたりは**生きのびるために協力して働きました。**

食料を集め、寝る場所を確保し、ここを出るための船をつくりました。

しだいに、ふたりは話ができるようになっていきました。
ふたりだけの暗号のような言葉もできていました。

そのうち、**相手が目指しているもの**のことがわかりました。
数年前に落ちた大きな隕石を、相手は探しているのでした。

その隕石の話は、あなたも聞いたことがありました。
あなたは、**相手といっしょに、隕石を探す旅に行く**ことに決めました。

船ができあがると早速、隕石の落ちたはずの方向に向けて出発しました。

海をしばらく進むと大きな島があり、上陸してみました。

土地の人も隕石のことを知っていましたが、**よくわからないうわさ話や情報の切れ端**ばかりで、なかなか先に進めません。

でも、そんな「切れ端」を集めていくうちに、それらがつながって、大きな地図のような情報をつかむことができました。

島の人の協力を得て、船を強化し、食料など必要なものを積み込んで、ふたりはさらに別の島に向かいました。

旅はつらいこともたくさんありましたが、楽しいこともそれ以上にたくさんあり、ふたりで旅する幸福に包まれました。

ときには**旅に加わる仲間**もいて、にぎやかになりました。ただ、ゼロから苦楽をともにしてきたふたりの絆は、旅が進むほど、強くなりました。

3年目、ふたりはやっと、**目指す隕石を発見**しました。石は太陽の光を受けてキラキラ光っていましたが、それを手にしたふたりの目のほうがずっと、強く輝いていました。

「風景」の解説

獅子座の2021年から2023年は、「自分以外の他者との、一対一の関わり」を軸として展開します。

2021年に密度の濃い人間関係に恵まれ、その人との関わりを紡ぎながら、2023年の「目的地」を目指していくのがこの3年の、大まかな流れなのです。

公私で言えば「公」、内か外かで言えば「外」に、主要な活動のフィールドが広がります。

この3年全体が、知らない人、外部の人がたくさんいる場所に出て行って、個人としての自分の力を試せるような時間帯なのです。

「今は子育て中で仕事をしていない」「介護で手一杯で、外に出る余裕などない」という人もいるでしょう。

この占いはそういう人には関係ないか、というと、決してそうではありません。むしろ、子育てや介護は、仕事のなかでは出会えないような「他者」に出会うひとつの契機となります。子育てを通してしか出会えなかった相手もいれば、介護をしなければ行かなかった場所もあるはずです。

どんな状況であれ、とにかく「自分の知っている世界」から、「知らない人のいる世界」に出て行くことが、2021年から2023年の獅子座のテーマなのです。

・もうひとり、見知らぬ人物

「自分以外の他者との、一対一の関わり」がテーマなら、その「他者」とはいったいだれなのか。まずはそこが気になるところだと思います。

「風景」のなかであなたがひとりでいるところに現れた、もうひとりの人物がそれです。

この「出会い」は、２０２０年のなかで起こった可能性もあれば、２０２１年に巡ってくる可能性もあります。

あるいは、もっとずっと前にすでに出会っている相手なのかもしれません。

長年つきあったパートナーや友だち、恋人などが「その人」なのかもしれません。

あるいはもっと別のだれかが「その人」である可能性もあります。

親や子どもなど、ごく身近な、「他者」とはとても呼べないような相手が、突如として「一対一で向き合うべき他者」となるかもしれません。

２０２０年から２０２１年くらいのなかで、新しい出会いがあって、その人との関係をゼロから構築していく人もいるでしょう。

あるいは、すでに密接に結びついている相手と、立場や役割が大きく変わり、そこで新たな関係性を「再構築」することになるのかもしれません。

・言葉の通じない相手

たとえば、こんな話があります。

少し離れた地域で就職するために実家を出た女性が、半年ほどして突然、家に戻ってきました。彼女は、仕事を辞めてしまっていました。

この女性は幼いころからおとなしい優等生で、両親の意見に逆らったことはありませんでした。この就職も、親のすすめ通りに決めたものでしたが、働き出した彼女は痛烈に、自分がその仕事に合っていないと感じました。

苦悩の末、それでも「ガマンできない」と仕事を辞め、家に戻ってきたのです。

両親に対し、この女性は今までとはまったく違った態度を見せました。

泣きながら、これまで自分の意見を聞いてもらえなかったことへの怒り、自分の意志を尊重してもらえなかったことへの悲しみを訴えたのです。

両親は非常に驚きました。そして、あわてて知人に相談しました。その相談の内容は「娘がわけのわからないことを言っている」というものでした（！）。

相談された知人が娘さん本人に話を聞いたところ、「わけがわからない」どころか、その主張は大変スジの通ったものでした。

彼女は「自分は生まれてはじめて、自分の意志で物事を決めた」「今まで、親は一切自分の意見を聞かず、抑え込んできた」と語りました。

こんなにはっきりした話が、なぜ両親には「わけのわからない話」と思えたのでしょうか。実際、第三者から見れば明々白々な話が、当人同士ではまったく伝わらない、ということは、珍しくありません。

突然自己主張を始める子ども、突然離婚届を突きつけるパートナー、突然批判を始める親友、突然怒鳴り出す人、突然離れていってしまう人々。

これらを受け取る人にとっては、すべて「突然」です。でも、これらのメッセージを発した人々には、それ以前に長い長い歴史がありま す。自分の思いを封じて、抑え込んできた体験があるのです。

私たちは他者と関わるとき、相手にさまざまなことを期待し、そのリアクションを予測します。

そして、期待や予測に合致する部分だけを受け取り、ほかの部分には目を向けません。この作業はまったく無意識におこなわれます。

ゆえに、期待や予測に反する部分が相手のなかに蓄積されていっても、そのことに全然気づかずにいられます。

結果、相手の本当の気持ちはだんだん、「理解しがたいもの」となっていきます。やがて「突然」本当の気持ちを語り始めた相手の言葉が「わけがわからない」のは、そういうわけです。

予想とも期待とも違いすぎる言葉を、私たちはとっさには、理解できないのです。

同じ体験をしたはずなのに、事実認識がまったく異なることもあります。

同じ言語を話していても、まったく話が通じないとき、私たちは恐怖を感じます。

そんなとき「では、さようなら」と袂を分かつこともできるでしょう。

一方「それでも、関わりたい」気持ちがあれば、私たちはなんとか、対話を試みなければなりません。

これは、ひとつの「出会い」です。

先のケースの両親は、新しく登場した未知の「娘」に出会ったのです。

これまで両親がよく知っていた「ものわかりのいい、よい娘」と、今、目の前で激しく泣きながら怒っている女性は、別人です。少なくとも「別人のように」見えているのです。彼女自身も、自分の変化に驚きつつ、それでも、もはやその変化を「止められない」ことに気づいています。

もし、ひとりの独立した人間になろうとしている「娘」に対して、この両親もまた、新しい自分たちを見せることができなければ、両者はわかり合うことなく、背を向け合うしかないかもしれません。

ですがもし、自分自身と闘いながら、娘の言う「わけのわからないこと」を「わかろうとする」努力を始めたなら、そこに新しい関係が芽生えるでしょう。

「出会い」の段階では、関係はいつも、シャボン玉のように脆（もろ）いのです。

でも、そこには生まれたての赤ん坊のように、限りない生命力が充満しています。


２０２１年から２０２３年のなかで獅子座の人々が体験する「言葉の通じない相手との出会い」は、たとえばそんなものなのかもしれません。

・対話の試み、協力、ふたりの暗号

過去の蓄積が爆発する以外にも、さまざまな「出会い」があります。

たとえば、出産や介護の開始によってパートナーの人柄がまったく変わった、というケース。これはもちろん、望ましい変化もあれば、そうでないものもあります。

相手が身近な人であればあるほど、自分も変化を余儀なくされます。

パートナーが夢を叶えるために猛然と勉強を始めたところ、ひどく不安になった、という人がいました。得体の知れない苛立ちにとらわれ、ケンカが絶えなくなったのだそうです。

この人は自分の気持ちをよく整理しようとしました。真剣に自問を重ね、自分の気持ちの源泉をたどっていった結果、あることに気づきました。

この人は、パートナーが自分の生き方を「追い越していく」ような気がして、強い不安に陥ったのです。

それは嫉妬のような、プライドを傷つけられるような、自分の存在意義を問われるような、深刻な感情でした。

自分の本当の気持ちに気づいて、この人は決意しました。

この暗い感情から逃れるためには「自分も学ぼう」と考えたのです。

何か本気で取り組めるテーマを探し、自分自身も目標に向かって邁進すれば、この暗い感情から解き放たれるはずです。


これもまた、ひとつの「出会い」と言えるでしょう。パートナーの新しい顔に出会い、そして、新しい自分自身にも出会えたのです。

ただ、このケースにはもう少し「先」がありそうです。なぜなら、パートナーは単なる「ライバル」ではないはずだからです。

相手の成長を自分の喜びにできるようになるまで、このふたりはたがいに刺激を与え合いながら、成長していくことになるのだろうと思います。


退職や転職、収入の変化などで、パートナーのキャラクターや役割認識が一変したというケースもあります。

プライドの問題、経済的切迫感からの不安や慣れないポジションへの苛立ちなどから、最初は激しい感情的なコンフリクトが起こりますが、だんだんと自分の生き方をつかみ、関係性が刷新されていく、というプロセスが展開します。

人間が大きく変化するとき、人間関係もまた、一大変化を遂げます。よく知っているはずの相手がまったく違った態度を見せ始めたとき、「元に戻ってほしい」「どうすれば相手が変わってくれるのか」と悩む人もいます。でも、おそらく、それは「元に戻る」のではなく、「新しい関係を結ぶ」ことによって、より望ましいコミュニケーションを紡いでいくほかはないのだろうと思います。

ここまでに挙げた事例は、どちらかと言えばハードなものでしたが、決して、「2021年から2023年の獅子座の人々が人間関係に悩むだろう」と言いたいわけではありません。そうではなく、むしろ「さらにゆたかで深い人間関係を構築していける」ということになるはずです。

最初の例に挙げた、「生まれてはじめて自分の意見を親に伝えた女性」は、彼女の人生全体から見れば、とても正しい決断をしたのです。反抗期としては少し遅かったかもしれませんが、とにかく、自分で自分の人生をつかむ、すばらしい物語が始まったのです。

その物語に接した両親もまた、彼女に見限られてはいません。彼女が両親に訴えかけたということは、彼女の新しい歩みに、両親との対話が必要だった、ということを意味しているのだろうと思います。

この3者がどうなっていくかは、それぞれの選択次第ですが、少なくともこの出会いには、ある種の愛が根底にあって、変化の可能性にあふれています。

この3年の獅子座の人々のなかには、たとえばこの女性のような選択をする人も少なくないかもしれません。

表面的な関わりの制約を破り、今の自分の本当の姿でぶつかっていこう、という勇気がわいてくるかもしれません。

「自分さえガマンすれば、うまくいくのだ」という諦観を脱ぎ捨てて、本当の人生を歩むために、大切な人と向き合ったとき、そこに「出会い」が生まれます。

いずれにせよ、出会ったばかりの相手とのあいだには、まだ共通言語は存在しません。

どんなに長くいっしょにいた相手であっても、ひとたび、これらの例のような「出会い」が起こってしまったら、そこではもう、「今までの言葉」は通用しません。

おたがいにわかり合うために、ゼロから新しく、言葉をつくっていかなければなりません。

たとえば、カップルの家事の分担において「家事を手伝う」という言い方がしばしば批判されます。「手伝う」は、当事者の使う表現ではない、というのです。会社でひとつの仕事をふたりで担当する場合、「手伝う」という言い方はしないでしょう。ふたりともが担当者であり、当事者だからです。なのに、家事だけがどうしてそうなるのか。そう考えると、たしかにおかしな言葉づかいです。

そんなふうに、「今まで通りの言い方」「今まで通りの考え方」を、いったん捨てなければならない場面もあるでしょう。

「言葉を変える」ことは、「考え方を変える」ことと、直結しています。

なぜなら、私たちは多くの場合、言葉を使って考えるからです。

そして、言葉づかいを変えれば、関係性も変わります。

私たちは主に言葉によって、関係をつくっていくからです。

・相手の目標を共有する

2019年ごろから、あなたは新しい人生の目標に向かって進んできているはずです。何か新しいことをしたい、現状を変えたい、という思いを抱いている人もいるでしょう。

また、すでに具体的に新しいミッションにぽんと放り込まれ、かつてなく新鮮な活躍を続けている人もいるかもしれません。

2021年から2023年のなかで、あなたは「だれか」の目指す目標を共有し、ともに動いていくことになるようです。

あるいは、あなたが2019年から追いかけているものを、この時期関わる相手もまた、「たまたま、追いかけていた」という展開になるのかもしれません。

刑事物のドラマで、バディを組んだ刑事たちがいっしょに犯人を追うように、この時期、だれかとタッグを組んでひとつの夢を追いかけていくことになる気配があるのです。

たとえば、好きな人と結婚して、パートナーの親が経営している店に弟子入りし、料理人としてゼロから修業を始めた、という人がいました。

この「パートナーの親の店」は、パートナー自身の目標ではありませんが、パートナーの世界のなかに置かれていた、自分のための目標と言えます。

後を継ぐための養子縁組のようなものではなかったとしても、このように「人」を介して「夢・目標」に出会う、ということは、決して珍しくありません。

この3年のなかで、そんなふうに「ある人」の存在を介して、「夢との出会い」「目標との出会い」を経験する人もいるでしょう。

決して押しつけられるようなかたちではなく、あくまで自分で興味を持ち、自分から望んでその世界に入っていって、周囲からも快く受け入れてもらえるはずです。

・旅、断片的な情報、島の人の協力

2012年ごろから、あなたは人からさまざまな「使い道のわからないもの」を受け取ってきたかもしれません。

断片的な考え方とか、不思議なメッセージ、どうしてそこまでしてくれるのかわからない親切や愛情など、「これは、どう受け取ったらいいのだろう」と思えるようなものを、受け取り続けていたかもしれません。

あるいは、「受け取っている」という自覚もないまま、だれかから非常に強い精神的な影響を受けていた人もいるだろうと思います。

だれかの「世界観」に魅せられたり、だれかの価値観に深く共鳴したり、いつのまにか「その人」と同じ意見を持つようになっていたり、ということがあったかもしれません。

そうした、これまで受け取り続けてきた「漠然としたギフト」が、この２０２１年以降、特別な意味を持ってまとまります。

「漠然」が徐々に具体化され、はっきりしたアウトラインを示し始め、受け取ったものをどのように使えばよいか、わかってくるのです。

それらは、２０２１年から２０２３年の、あなたとだれかの「旅」において、すばらしく役に立つ情報となります。

それは地図であり、道しるべであり、もしかすると、目標自体の意義を教えてくれるのかもしれません。

「風景」のなかでは「隕石」と表現しましたが、この「隕石」を探す意味を、あなたは２０１２年ごろから、少しずつ教えてもらってきていたのかもしれません。

・旅に加わる仲間

２０２２年から２０２３年は、「その人」以外にも、たくさんの仲間に出会えそうです。

この時期はちょうど、「隕石を探す旅をしている」時期、つまり「なんらかの目標を追いかけて、未知の世界に足を踏み入れていく」時期です。

その旅の途中で、旅をともにする仲間に出会えるのです。

この仲間たちは非常に情熱的で、活動的で、あなたに希望や勇気を分けてくれる人々であるようです。

たとえば２０２０年の春から初夏にかけても、明るく楽しい、愛にあふれる仲間に恵まれたのではないかと思います。

あのときの出会いとくらべると、２０２２年から２０２３年に出会える仲間たちは、おそらくキャラクターが濃く、押しが強く、「やさしくしてくれる」というよりは「ハッパをかけてくれる」ような人々であるようです。

人間は、愛や楽しさによって連帯することもありますが、一方で、怒りを共有することで結びつく場合もあります。

「共通の敵」が仲間をつくることは、よく知られています。たとえ犬猿の仲であっても、両者が同じ敵に立ち向かおうとするときは、一時的にでも、協力し合う関係が生まれます。

一般に「怒り」はネガティブなものととらえられがちですが、「怒り」こそは世の理不尽や不正義を正し、不公平を是正するエネルギーです。

2022年から2023年の「仲間」は、ともに怒ることのできる人々なのかもしれません。この時期のあなたの「怒り」は、決して自分個人だけの世界のものではなく、もっと広やかな、理想や倫理、社会的なテーマへと向かっていくものであるはずなのです。

・目指す隕石を発見

2023年、あなたは目標に到達するでしょう。

あるいは「目標達成」のプロセスは2024年にまたがるかもしれませんが、とにかくここに、ひとつの目的地・ゴールが置かれています。

冒頭の「風景」で言う、「隕石」の発見です。

この「隕石の発見」、つまり「目標の達成」は、あなたの人生を大きく変えるような力を持っています。

あるいは、この目標達成によって、あなたの生きる世界全体が、大きく変わるのかもしれません。

具体的には、仕事や対外的な活動において、大ブレイクを果たす、といったことが考えられます。あるいは、これまでに所属した場所で大きな成果を上げると同時に、その成果によって、新天地を切りひらいて独立する、といったことが可能になるのかもしれません。

２０２１年から続いてきた「その人」との関係構築のプロセスも、ここでひとつの完成形にたどり着きます。

一時的に生まれた心の距離も、困難だった意思の疎通も、すでに過去のものとなっているでしょう。

ここからは、おたがいがおたがいの命の一部である、と認め合えるような、さらに深い関わりの時間が始まります。

第2章

1年ごとのメモ

2021年――出会いと関わりの年

本書冒頭から長々と述べた通り、獅子座のこの3年間は「出会い・関わり」の時間なのですが、とりわけその濃度が濃く、もっとも純粋なのが、2021年です。

2021年、あなたの「人間関係、パートナーシップ、結婚」などのテーマをあつかう場所には、木星と土星という2星が滞在します。

この2星が重なり合う配置は約20年に一度であり、さらにふたたび「この場所」で起こるのは、60年ほどもあとのことです。

このタイミングでの人間関係の変容が、どれほどレアで、あなたの人生にとって大きな意味を持つか、ということが、こうしたサイクルからもご想像いただけるかと思います。

2020年の終わりから、この配置は始まっていました。

ゆえに、すでに2020年に特別な出会いを得た人もいれば、人間関係の大きなドラマに足を踏み入れた人もいるはずです。

このドラマは2021年、ひとつのクライマックスを迎えます。

2021年にパートナーとなる相手に出会う人、パートナーを得る人も少なくないでしょう。

すでにいるパートナーとの関係が「再生」する可能性もあります。関係性は人生のなかで、何度も変化します。特に大きな「関わりのターニングポイント」が、この２０２１年に置かれています。

おとぎ話の世界なら「そして王子様とお姫様は、結婚して幸せになりました、めでたし、めでたし」で終わるところです。

２０２１年に起こることはおおむね、そのあたりまでかもしれません。

２０２２年以降、「結婚した王子様とお姫様の、その後」が紡がれます。

そちらのほうがナカミが濃い、ということもあるだろうと思います。

ただし、「変化の振り幅」は、おそらく２０２１年がもっとも大きいでしょう。

たとえば「このままずっとひとりなのかな」と思っていた人が、「そうではない」と知らされる年です。

「このままふたりの関係はマンネリなのかな」と思っていたなら、そうではないことがわかる年です。

恋愛や結婚だけでなく、ビジネスパートナーや、人生の相棒と呼べるような相手、二人三脚で歩いていける親友などに出会う人もいるでしょう。

映画やドラマの世界では、しばしば「人生を変える、運命の出会い」が描かれます。「その人」と出会ったことによって、人生が新しい局面を迎える、という物語は、とてもたくさんあります。

ほとんどすべての物語が、そうした「出会い」を語るためにある、と言っても過言ではないかもしれません。

だれにも出会わない「物語」など、おそらく、ないだろうと思うからです。

相手が人間でなくとも、動物や精霊であろうとも、建物や樹木であろうとも、「汝（なんじ）・あなた」と呼べる存在に出会って、人生が変わるとき、私たちは「運命」を感じます。

なぜならそれは、意志で選択できるようなものではないからです。

私たちは本物の出会いを得たとき、「これは重要な出会いだ」と「感じる」しかないのです。

なぞなぞの答えを見つけたときのように、「これだ！」と確信できる場合もあります。一方で、その出会いに大きな意味があるということが、なかなかわからない場合もあります。

ですがいずれにせよ、「いつか」はわかるのです。

その出会いが、自分のためのものだという感覚が、心に生まれるのです。

２０２１年にあなたが経験するのは、そうした出会いであろうと思います。

・人から「影響を受ける」こと

２０１９年ごろから、キャリアの大きな変転を経験している人も少なくないはずです。より自由で、より新しい活動のかたちを模索し、社会的立場を一変させた人もいるでしょう。

そうしたあなたの「自由への模索」において、だれかから強い影響を受けることになるかもしれません。

たとえば、ある人との出会いによって、働き方を大きく変える人もいるでしょう。すばらしい仕事をオファーしてくれる相手に出会う人もいるかもしれません。仕事の仕方やつくり方をある人から学び、キャリアが一変する可能性もあります。

もともと独立心が強く、独創性にこだわる傾向がある獅子座の人々ですが、「学ぼう」と思ったときは、真剣に人から学ぶことができます。

素直に吸収し、自分なりの考えも注ぎ込んで、人から得たものを本当の意味で「自分のもの」につくりあげていくことができます。

2021年は、そんなプロセスも急ピッチで進んでいきそうです。

または、すばらしい相棒を得て、タッグを組んで新しい活動を「創造」することができるのかもしれません。

「ひとりで活動していたときよりも、かえって自由になれる」のが、2021年の「出会い」の大きな特徴です。

・美しく楽しく、貪欲なライフスタイル

2020年は星座を問わず、多くの人の暮らし方・生き方が激変した年でした。特に獅子座の人々にとっては「生活のあり方」「働き方」「役割分担のかたち」などが、2020年のなかで根本的に変わってしまったのではないかと思います。

2020年の「変化」は、どちらかと言えば苦労や苦悩、不安に根ざしていたはずです。自分を律する気持ち、不安と闘う気持ち、過去の生活のあり方を振り返って反省するようなまなざしを持って、新しい選択をした人が多かったはずです。

2021年11月から2022年3月頭、あの苦悩や苦労が不思議になるような、幸福な展開に恵まれそうです。

同じ「ライフスタイルの変化」でも、この時期の変化はとても楽しく、明るく、ゆたかで、美しく、どこまでもクリエイティブなのです。

2020年の苦労や苦悩が、この時期大きく報われるように「反転」しそうです。人間の不安の多くは「取り越し苦労」である、という説を聞いたことがあります。たしかにそうなのかもしれません。

少なくとも2021年秋から2022年早春は、「2020年に抱いた大きな不安のほとんどが、取り越し苦労だった！」と、安堵できるでしょう。

日常の業務や家事などが、とてもラクになるかもしれません。負担だった量を軽減できそうですし、好きなことや楽しいタスクを増やせます。同僚や身近な人との役割分担がなめらかに、スムーズになり、助け合うことの喜びを味わえるでしょう。

健康上の問題も、解決しやすい時期です。

生活を「律する」方向ではなく、「楽しむ」方向へとシフトしていけます。

日常的な習慣も、「やるべきだからやる」のではなく「気持ちがいいからやる」というスタイルに置き換えていけそうです。

２０２０年にあなたが渇望していたもの、「これがあればなあ！」と夢想していたものが、２０２１年秋から２０２２年春先のなかで、手に入るかもしれません。あのとき夢見た条件がそろったとき、新しい生活が始まるのかもしれません。

・ギフトの季節・前編

２０２１年５月なかばから７月は、いわば「ギフトの季節・前編」です。

さらに2021年12月末から2022年5月上旬に「後編」が置かれています。

この間、何か価値あるものを贈られるかもしれません。

また、人からすばらしいオファーを受けたり、チャンスをもらったりすることになるかもしれません。


「出会い」もそうですが、「ギフト」もまた、基本的には選べません。

外部から、他者から、一方的に「渡される」ものがあり、それを「どう受け取るか」を考えていくしかありません。


価値あるものを受け取ることは、一般にはうれしいことですが、たとえば「宝くじが当たる」ようなことが起こると、それがきっかけで不幸になってしまう人もいます。

これは、受け取ったものが悪かったということではなく、受け取り方や、受け取ったものの使い方がまちがっていた、という部分があるのだろうと思います。

価値あるものは、多くの人がほしがるものです。

ゆえに、それは危険なのです。


それでも、その価値を活かすことができれば、自分だけでなく自分と関わる多くの人々も、幸福にできる可能性があります。

水や火がなければ、私たちは生きていけません。でも、水や火のあつかい方をまちがえれば、私たちの命はすぐ危険にさらされます。

このように、「価値あるもの」は、慎重に、真剣にあつかってこそ、その真価を発揮するのです。

さらに言えば、「価値あるもの」をあつかうには、知識や知恵も必要です。

水や火を安全にあつかうために、さまざまな技術が存在します。

それと同じで、この時期のあなたもまた、自分が受け取った大きな力のために、さまざまなことを学ぼうとするはずです。

2021年の初夏、そして2022年前半にあなたが受け取るものは、『ドラえもん』の道具に少し似ています。

未来から来たドラえもんは、のび太くんにいろいろな便利な道具を渡します。ですが多くの場合、のび太くんはまちがった使い方をしてしまい、本来の便利さを活かすことができません。

でも、のび太くんは成長した後、科学者となります。便利な道具を本当の意味での幸福のために使う方法を、彼は学ぼうとしたのだと思います。

私たちもまた、成長して大人になると、「価値あるもの」をちゃんと価値あるものとして使う方法を身につけられます。

この時期の「ギフト」はあなたに、そんな精神的成長を促すのかもしれません。

２０２２年――有形無形の「ギフト」の年

・かたちのないものが、かたちを得る

２０１２年ごろから受け取り続けてきた「かたちのないギフト」に、かたちが与えられます。

「かたちのないギフト」とはどんなものでしょうか。

たとえば「未来の約束」は、そのひとつかもしれません。

「いつかこれをあなたにあげるね」「いつか会おうね」「いつかいっしょに暮らそう」

など、未来に向かってつながりを強化していこうね、という約束は、人の心を強く支えることがあります。

ほかにも「言葉のギフト」はすべて、かたちのないギフトと言えそうです。

愛情表現はその、最たるものです。

もし、「愛しています」などの言葉による愛情表現が「かたち」を得るとしたら、どんなものになるでしょうか。

たとえば食べものをふたりで分け合ったり、長い時間をいっしょにすごしたり、相手のためになんらかの自己犠牲を払ったりしたら、それは「かたちある愛」と言えそうです。

前述の通り、2012年ごろから、あなたは「かたちのないギフト」を受け取ってきているはずなのですが、それは何しろ「かたちがない」ので、何をどう受け取ったのか、よくわからないかもしれません。

あるいは、たしかに「かたちのないギフト」を受け取ったという認識があっても、それがいったい未来にどんな意味を持つのか、完全にはわかっていなかったのではないかと思います。


2022年、その「ギフト」がどんどんかたちを帯びます。

もといい、この現象は2021年の初夏、すでに始まっていました。その流れが本格化するのが、2021年の年末から、2022年の5月前半なのです。


2021年の「ギフトの季節・前編」の部分に書いたことが、2022年前半の流れにも重なります。

限りなく価値あるもの、だからこそそれをあつかうには学びが必要となるもの。

そうしたものをこの時期、あなたは受け取ることになるはずなのです。

・外部から流れ込む、経済的な「上昇気流」

この時期、あなたの経済活動のスケールが大いに拡大します。

特に、経済活動に関する人間関係が、ぐっと広がりを見せるでしょう。仕事やモノの売り買い、生産と流通と消費に関して、「付き合う人」の数が、ぐっと増えるのかもしれません。

あるいは、やりとりするお金やモノの量が、ぐんと増えるのかもしれません。

いずれにせよ、経済活動に関して外界からの上昇気流が流れ込み、あなたを押し上げてくれる時期と言えます。

お世話になった人に恩返しをしたり、長らくの借金を返したりする人もいるでしょう。あるいは逆に、社会的信用を得て、活動のための資金を借り入れることができるのかもしれません。

パートナーといっしょに、自宅を購入するためのローンを組む、といったこともあるかもしれません。

経済活動の多くは、人間的な信頼関係にもとづいて成り立っています。「信用」は、金融や経済活動の特別な用語でもあります。

この時期のあなたは、自分のそうした「信用」が、ひと回りもふた回りも大きくなったことを実感できるでしょう。あるいは、そうした「信用」をつくることが、新しい目標のひとつとなるのかもしれません。

・旅と学びの季節・前編

２０２２年の5月なかばから10月にかけて、今度は「旅と学びの季節・前編」が始まります。

「後編」は12月下旬から２０２３年5月中旬となります。

2020年のコロナ禍により、「旅行」は非常にむずかしいテーマとなりました。2019年まではどこにでも自由に出かけられたのに、状況は一変し、簡単には遠出ができなくなってしまいました。

このことに、激しい苦痛や深い絶望を感じた人も、少なくなかったはずです。この状況がいつごろ解消されるのか、それともずっと続くのかは、まだわかりませんが、この3年のなかで徐々に「動いてはいけない」という縛りは、軽減されていくのではないかという気がします。

2022年から2023年、状況がゆるせば、獅子座の人々の多くが旅に出ることになるでしょう。特に、2020年に制限されたぶん、激しいあこがれを持って「行きたい！」と願った場所に、行くことができるかもしれません。

猛然と勉強に打ち込む人も少なくないでしょう。

これもコロナ禍により、大学や各種教育機関では、リモートでの講座を多く設けるようになりました。

これにより、本来なら留学しなければ受けられないような講義を、自宅にいるまま履修できるケースが増えてきていると聞きます。

新しいリソースに恵まれ、念願だった学びを実現できるかもしれません。

２０２０年、多くの人々が新しい時代の到来を予感しました。

「新しい時代」に立ち向かうには、今までとは違った知識やスキルが必要だ、と考える人も増えたようです。

そうした危機感や好奇心のもと、勉強を始めることになるのかもしれません。

未来への見方が変われば、知りたいことも変化します。

新しい夢に出会い、新しい学びを始める人もいるはずです。

・旅の仲間、学ぶ仲間

2022年8月下旬から2023年3月にかけては、熱い「旅の仲間」に恵まれる時期となっています。

旅や勉強をきっかけに、新しい仲間に出会えそうです。

あるいは逆に、新しい友だちができて、その友だちの誘いで、旅や勉強に「乗り出していく」ことになるのかもしれません。

この時期の「仲間」は、べったり甘え合うようなスイートな相手ではなく、おたがいに競い合うような、ハッパをかけ合うような、刺激的な相手であるようです。

あなたの見たことのない世界に連れて行ってくれる友、新しい場所に向かうあと押しをしてくれる友に出会えそうです。

仲間といっしょに事業を立ち上げたり、同じ体験をした人々とネットワークをつくったりと、フラットな仲間同士の「場」をつくることもできるときです。友と呼べる人と夢を共有し、新しい人生に踏み出していく人もいるかもしれません。

・行きつ、戻りつ

この3年は、大きなテーマでの「季節」が「前編・後編」のようにブツブツ途切れるので、全体的な流れをとらえにくいと感じる方もいらっしゃるかもしれません。

ただ、このように「前後編」のなかでテーマが行きつ戻りつすることで、「振り返り」や「強化」がしやすい、という部分もあると思います。

まずどんどん先に進んでみたら、「もっと前にやっておかなければならなかったこと」「準備不足」などに気づき、いったん引き返してきちんと仕切り直す、といったことがしやすいはずなのです。

たとえば最近は「クラウドファンディング」というものがとても一般的になってきています。

何かやりたいことがあっても資金が足りないとき、その活動に関心を持つ人々からお金をつのって、資金をつくる、という方法です。

この「クラウドファンディング」でよく見るケースに、「最初は自己資金で挑戦して、ある段階までうまくいったけれど、『その先』に進むお金が足りなくなったので、クラウドファンディングを思いついた」というものがあります。

自分で最初の資金を用意して、行けるところまで行ってみたけれど、まだ資金が足りなかったので、それを用意するための活動に「いったん、戻る」というイメージです。

２０２1年から２０２3年の星の動きからは、たとえばそうした展開が連想されます。「旅の季節」に一度足を踏み入れたけれど、また引き返して「ギフトの季節」に戻り、そこで得た旅費を持ってあらためて「旅の季節」を再開する、といった具合です。

先に進んでみて、少し戻る。そしてまた、その先に進む。

これを繰り返していくことは、「人間関係をつくる」「土地勘をつくる」ようなことと深く関係しています。

世の中には、一気にまっすぐ走ってゴールにたどり着くようなテーマもあれば、「行きつ戻りつ」を繰り返さないとできあがらないものもあるのです。

この3年は特に、編み物のように、行って、戻って、を繰り返しながら、しっかりした「面」的な知識と結びつきがつくられていく時期と言えるのです。

2023年――すばらしい年、幸福と自由の年

・幸福な年

ふだん、私はあまり「幸運なとき」「幸福な時期」などという表現は、用いないのです。

それにはいくつか理由がありますが、基本的には、どんなことにも表と裏、光と影があるだろう、と感じるからです。

人もうらやむような幸福そうな人生を歩んでいる人が、実は心のなかに激しい苦

悩を抱えている、などということは本当によくあります。

自分で望んだことがすべて叶ったのに、なぜか心が充たされず、くさくさして暮らしている、といった人もいます。

何が幸福なのか、どうなれば幸福なのかということくらい、「定義」がむずかしいテーマもありません。「幸福」をテーマにした本が、古来、いったいどれだけたくさん書かれていることでしょうか！

それでも、２０２３年の獅子座の星回りを見たとき、「これは、何か、とても幸福そうだなあ！」と感じました。

なぜかと言うと、まず、獅子座の２０２３年は、目標がキラキラ輝いていて、そこに向かって全力で進める年なのです。

そして、目標を追いかけることが、同時に、新しい時代や自由を追いかけることにつながっています。

さらに、愛に包まれ、孤独感や緊張感は薄らぎ、人との結びつきはより深いものになっていきます。

どうでしょう。とても幸福そうではありませんか！

幸福とは、なんの苦労もなくぬくぬくと真綿にくるまれているような状態を言うのではないだろうと思います。

自分なりにやるべきことがあり、手応えを得ていて、必要とされ、必要とし、大きな動きのなかに自分の人生の意義を見いだせていることが、本当に「幸福」と呼べる状態なのではないでしょうか。

なんの苦労もないよりは、少し苦労しているほうが「幸福だ」と感じられる場合もあります。たとえば、簡単に解けるパズルより、なかなか解けないパズルのほうが、「おもしろさ」は勝ります。

人間は、「自分の力で、むずかしいことを成し遂げた」という手応えを、どうしても必要とする生き物なのだと思うのです。

孤独と無為の日々は、人を苦しめます。

だとすれば、目標が輝き、理想と自由を追いかけ、愛に包まれているなら、これはもう、幸福としか言いようがないはずです。

2023年の獅子座の星回りは、まさにそんな感じになっているのです。

・新しい目標を追うこと

2022年からの「旅と学びの季節」は、2023年の年明けから5月にまたがって続いていきます。

そして2023年5月中旬からは、「大活躍、飛躍の季節」に入ります。

具体的には、社会的立場やキャリアにおける急上昇期、ターニングポイントを迎えるのです。この時間は2024年なかばまで続いていきます。

旅と学びの時間から、大活躍の季節へ。

このプロセスは全体として、「外へ、未知の世界へ、新しいフィールドへ、高みへ」と向かっています。

より大きな舞台で自分の力を試そうとするような、自分の人生の可能性をめいっぱいに引き出そうとするような、非常にアクティブな流れです。

高い目標を掲げ、そこに向かって進んでいくことになります。

昇進する人、転職によってキャリアアップする人、独立する人、新たに自分の世界を構築する人、多くの人との交流を始める人もいるでしょう。

インターネットが普及し、多くの人が「オンライン」になっている現代では、家のなかにいながらにして世界中の人とやりとりすることができます。

２０２３年はさまざまな場で「なるほど、世の中にはこんなにたくさんの、こんなにいろいろな人がいたのか！」と思えるような体験ができるでしょう。

「今は仕事をしていないので、そういうことは関係がない」と思われる方もいらっしゃるかもしれません。

でも、外に出て賃金労働をすることだけが「社会的活躍」なのでしょうか。

子育てや介護、病気療養など、そのほか一般的には「プライベート」と目されるようなことにも、ちゃんと「社会性」は含まれています。むしろ、そうした状況のほうが、社会と積極的に結びつきをつくることが必要になる場合も多いはずです。

情報交換も、情報収集も、各所への相談も、専門家との出会いも、すべて「社会的な活動」のひとつです。

世の中のことに興味を持って学んだり、まだ見たことのない世界に足を踏み入れたりすることは、本質的には「仕事」とは、関係がありません。

実際、「仕事が忙しい」ことを理由に、いつのまにかごく小さな世界に閉じこもっている人は、決して珍しくありません。

この時期、どんな生活の状況にあったとしても、不思議と「世の中」「社会」「これから学んでみたい世界」などのことが、気になるはずです。

そして、ヒマワリが太陽に向かって伸びていくように、より広い視野を求めて、さまざまな行動を試みるあなたがいるだろうと思います。

・自由を追うこと

2019年からこのかた、獅子座の「目標」を司る場所には、「自由、新しい時代」を象徴する天王星という星が位置しています。

すでに思いがけない「ブレイク」を果たした人もいるかもしれません。

あるいは、今まさにもっとも新しいことに挑戦中、という人もいるでしょう。

２０２３年はこの場所に木星が重なり、「２０１９年からの自由と新しい時代を求める動きが、一気に具体化し、加速する」という流れが生じます。

この時期のあなたの「目標」は、２０１９年ごろから目指している「より自由な生き方」と、一体になっているのです。

たとえば、会社勤めをやめてフリーランスになったり、こだわっていたポジションを手放して縛りのない活動のかたちを実現したり、といった試みをしてきた人もいるでしょう。

その試みに、２０２３年から２０２４年は、ひとつの「答え」を出せるときです。２０１９年以降、「自由にはなったものの、結果が出せていない」「不安定で、地に足が着かない」という状態だった人も、２０２３年から２０２４年には「これだ！」と思える環境・かたちをつくりあげることができます。

自由を守るための条件、自由を実現するための条件を、しっかり固められます。

「目標」も「人間関係」も「愛」も、ともすれば人を縛り、個人としての自由を奪うものとなります。

でも本当は、目標があり、人と関わり、何かを愛することができていることこそが、真の心の自由に不可欠なのではないかと思うのです。

自由は「何ものとも結びつかない」ことではありません。むしろ、自分に合ったものと強くのびやかに結びつくことこそが、自由の条件です。

2023年なかば以降のあなたの「目標」は、たしかにあなたをよりゆたかな自由へと導いてくれるはずなのです。

・冷たい緊張感が抜け、熱い親密さが生じる

2020年ごろから2023年3月上旬にかけて、「他者との関わり」がメインテーマのひとつとなっています。

これはすなわち、「他者との関わりを、時間をかけて築いていく」というプロセスを意味します。

「築く」プロセスでは当然、そのなかに居心地よく住まうことは、できにくい状態です。

築いているあいだは、それは未完成であり、不備や困難も多く、すきま風も感じられます。未知の条件が出てくるたびに頭をひねって対処しなければなりません。

そこには、緊張感と「本当に完成するのだろうか？」という不安が、常に渦巻いているものです。

2020年ごろから2023年3月上旬のあなたが経験する人間関係のなかには、そんなふうに、未完成の部分や「課題」となる部分、緊張感や不安感などがあちこちに含まれていただろうと思います。

他者に対して距離をつくったり、時には自分のなかに閉じこもったこともあったかもしれません。

この間の「孤独感」は、「他者と結びつくことのむずかしさ」を越えていく上で欠かせない、一時的な体験だったのです。

そうした孤独感や距離感、緊張感が、2023年3月上旬をもって消えていきます。かわって、3月下旬以降、他者との結びつきが今までにないような、どっしりとした絶対的重みを帯び始めます。

融け合うような、心の近さが感じられるようになります。

2020年からの冷たく硬質な、「越えていくべき急峻（きゅうしゅん）な山」のような雰囲気から、一転して「ガラスや金属の溶融（ようゆう）」のようなかぎりなく熱い時間へのシフトが起こるのです。

第3章

テーマ別の占い

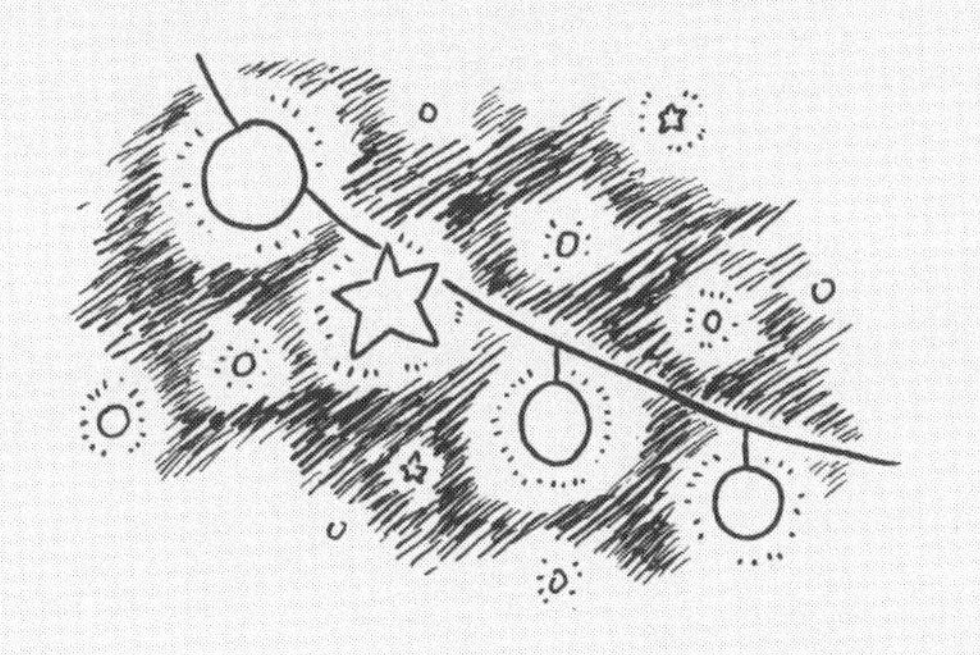

愛について

星占いで「愛」について読もうと思うと、まずふたつのテーマに注目することになります。

ひとつは「恋愛、愛情」。もうひとつは「人間関係、パートナーシップ」です。

星占いの世界では、平たく言えば「恋愛」と「パートナーシップ」が、別々の場所で取りあつかわれるのです。

2021年から2023年の獅子座の「愛」は、主に「パートナーシップ」の世界に重心が置かれています。

恋愛とパートナーシップの違いは何か、と言えば、その定義と解釈は、人それぞれでしょう。

では、星占いの世界ではどんな違いがあるかと言うと、前者は「プライベート」で、後者は「公(おおやけ)」の世界に属しているという点です。

たとえば、結婚式はたいてい、大勢の人を招いておこなわれます。

最近は家族と友だちだけの結婚式も人気なようですが、少し前までなら結婚式と言えば、遠い親戚や仕事の上司、地域の人々なども集まり、まさに「公(おおやけ)の場」でした。

プライベートな恋愛関係にあるカップルも、ふたりの関係をいつ「第三者に知らせるか」ということが、ひとつの節目になることがあります。結婚も離婚も役所に届け出ますし、別れ話が裁判になることもあります。

パートナーシップは決して、「個人的な問題」ではないのです。

2021年から2023年、獅子座の人の多くが、密度の濃い「パートナーシップ」を生きることになりそうです。あるいは、すでに長いことパートナーシップに関する問題を抱えている人は、いろいろな条件が重なって、そのテーマに真正面から向き合い、答えを出す必要に迫られるかもしれません。

・愛を探している人

「愛を探す」というよりは「パートナーを探す」「相方を探す」ような意識が強まりそうです。

今一瞬の胸の高鳴りではなく、長く信頼し合って人生をともにできる相手を探したい、という思いがわきやすい時期なのです。

この3年を通して、そうした相手に出会う機会に恵まれます。

すでに２０２０年のなかで、そうした兆候があったかもしれません。

ちゃんときっかけをつかんだ状態で２０２１年に突入し、愛の物語がたしかな階段を上るように、どんどん進展していくのかもしれません。


あるいは２０２１年のなかで、素敵な出会いが巡ってくるのかもしれません。

この時期の出会いには、「差」が絡んでいる気配もあります。

たとえば、自分とはまったく別の業界で活躍している相手であったり、生育歴に大きな差があったり、バックグラウンドの差、文化の違い、年齢差などが際立っているかもしれません。

そうした「差」は、一般的には忌避されることも多いようです。

できれば自分と似た世界観を持った相手に出会いたい、というのは、当然の発想です。

でも、「差」があることによるメリットは、決して少なくありません。

なぜなら、「差」があることにより、「相手を想像通りに動かそう」という期待が薄れるからです。

おたがいのバックグラウンドが違っている場合、「なんでも相談しなければわからない」という前提のもとに関わることになります。

「なんでわかってくれないんだろう？」「このくらい察してほしい」という意識が生まれにくいのです「違うのが当たり前」だからです。

もちろん、まったく一致するところのない相手とは、さすがに「結びつく」ことはむずかしいでしょう。

ですがたとえば、「とても惹かれ合い、いっしょにいると楽しいが、生きている世界が違いすぎる」という理由で、パートナーになることをあきらめる、といった判断は、あまり妥当ではないのかもしれません。

「世間一般に想定されるようなカップル像と異なるからあきらめる」

「あらかじめ想定した年収や容姿などの条件に合わないから除外する」

こうした選択は、少なくともこの時期は、あまりフィットしないようです。

想定外、予想外、枠の外。

そうしたところにパートナーが見つかりやすいのが、この3年間なのです。


特にパートナーに出会える可能性が高そうな時期は、2021年全体から2022年1月、2022年3月から4月、8月から9月頭、11月なかばから12月中旬、2023年1月、5月から10月頭です。

特に2023年初夏から10月頭は、獅子座のもとに愛の星が居座り続ける、キラキラの「愛の季節」です。この時期は不思議と、他者への緊張がやわらぎ、素直に愛の世界に入っていけるでしょう。

2020年から2023年3月頭までのなかで出会いがあったものの、さまざまな迷いから立ち止まっていた、といった状況があれば、2023年の春から秋のあいだに、前向きな決意を、自然に固めることができそうです。

・パートナーがいる人

冒頭からしつこく述べている通り、本書のカバーしている「3年」全体が、獅子座の「パートナーシップの季節」です。

パートナーとの関わり方が大きく変わったり、より密度が濃くなったり、といったことが起こりやすい3年なのです。

あとになって振り返ってみて、「あのころが、自分たちの転機だったね」というなずき合えるような出来事が、この3年のなかで起こっていくでしょう。

特に2021年は、大きな展開の多い年です。

パートナーの人生に「転機」が巡ってきて、それに対応するかたちで、あなた自身の生き方が変わったり、選択を迫られたりする場面があるかもしれません。

相手に対する感情も変化するでしょうし、相手から影響を受けるかたちで、急成長を遂げる人もいるはずです。

20年30年というロングスパンでとらえたとき、この2021年は「新しいパートナーシップが始まる」ような時間と言えます。

ゆえに、この「スタートライン」では、未知のことや未経験のことがたくさん起こります。「これまで通り」では通用しないこともたくさん出てくるはずです。


長くつきあっている相手ほど、「関わり方を変える」ことは、むずかしいものです。たとえば、呼び名を少し変えるくらいのことでも、照れてしまって「不可能！」となる人は少なくありません。

そうした「絶対的な当たり前のこと」を、あえて変更する選択をしたとき、ふたりを包む空気や物事の流れが、がらっとスムーズに変化していく、ということも、本当によくあるのです。

２０２１年11月から２０２２年3月頭は、そうした「習慣」を変えることで、愛のかたちに前向きな変化が起こりそうです。

「心のなかに変化が起こって、自然にかたちが変わる」場合もあるかもしれませんが、現実には「かたちをなかば強引に変えることで、心のなかに変化が生まれる」ことのほうが、断然多いだろうと思います。

この時期はそうした工夫で、前向きな「心の変化」を生み出しやすいのです。

２０２２年から２０２３年3月頭は、パートナーシップの成長期に当たっています。パートナーから学び、パートナーとともに学ぶことがたくさんあるでしょう。

２０２３年3月なかば以降は、緊張感や慣れない感覚が消え、さらに、ふたりの心の距離も、一気に消えていくかもしれません。

２０２３年３月下旬以降は、ふたりの心が今までとはまったく違うかたちで「融け合う」プロセスへと入ります。ただ、これは非常に長丁場の、２０４３年ごろまでまたがっていくプロセスです。ゆえに、始まってすぐの段階では、まだ何が起こっているのか、自覚的にはわからないかもしれません。

・愛に悩んでいる人

２０２１年、怒濤の勢いでその悩みは解消していくかもしれません。

長いあいだ、愛やパートナーシップについての悩みを抱えている人は、２０２０年の年末から２０２１年、その悩みを「まな板の上にのせる」ことになります。

２０２１年の愛は、「公（おおやけ）」の要素を濃く含みます。ゆえに、自分ひとりで静かに悩み苦しむ状況から脱出する契機となりやすいのです。

当事者である相手に向き合うだけでなく、第三者に相談したり、まだ問題に気づいていない関係者に話を持ちかけたりすることになるかもしれません。

そこから、自分だけでは解決できなかった問題が「動き出す」はずです。


あるいは、あなた自身が、未来に向けて新しいパートナーシップのかたちを求めたくなるのかもしれません。

現状に満足も納得もしていないなかで、「何が大切で、何が鎖なのか」を考え、そこで不要なものを切り離し、本当に必要なものに手を伸ばす覚悟が決まるのかもしれません。


2021年から2023年は「パートナーシップの季節」です。

これは、人生のパートナーを見つけやすい時期であると同時に、「問題解決のための協力者や理解者を得やすいとき」でもあると言えます。

自分ひとりで悩んでいた段階では見えていなかったものが、第三者の目を通してはっきり見えることもあるでしょう。

この3年は、パートナーや人間関係、愛に関して「義務と責任」ということを考えたくなる時期でもあります。

大切な人に対して責任をとるとはどういうことか、義務を果たすとはどういうことか、といったことを、新たにとらえ直すことができるかもしれません。

愛の世界ではしばしば、おたがいに深く甘え合う状態が生まれます。そうすると、突然相手の人間としての姿が「見えなくなる」という、不思議な現象が起こることがあります。

たとえば、いい意味で「空気のような存在」という言い方をする人がありますが、まさに、空気は見えません。

「失ってはじめて愛を自覚する」という人は、世の中にほんとうにたくさんいます。その人たちは、相手を失う前、相手の姿が「見えなくなって」いたのです。


どんな人間関係でも、相手が「見えていない」という状態は、はたして望ましいものでしょうか。

相手が「見えていない」状態になっていたからこそ、たくさんの問題が累積してしまうというケースは、少なくないと思います。

どんなに深く信頼し合ったとしても、相手が「見えない」状態になったなら、目をこすって相手を探す必要があります。

２０２１年から２０２３年のなかで、そうした体験をする人も少なくないだろうと思います。

・愛の季節

２０２１年の全体が「愛・パートナーシップ」の季節です。特に1月から3月前半、6月末から7月、10月から11月頭、12月から２０２２年1月は強い勢いが感じられるでしょう。さらに２０２２年3月から4月頭、8月から9月頭、11月なかばから12月上旬にやわらかな追い風が吹きます。

そして２０２３年6月から10月上旬は、きらめくような愛の季節となっています。あなたの星座に、愛と喜びの星・金星が長期滞在するのです。愛の強いスポットライトが当たり、楽しい時間をすごせるでしょう。

２０２１年5月なかばから7月、２０２２年前半、10月末から12月上旬は、非常に官能的な時期となっています。心身の融け合うようなすばらしい愛を生きられそうです。

仕事、勉強、お金について

・仕事について

仕事に関しては、２０２３年5月から２０２４年5月が「クライマックス・ひとつのゴール」の時間帯です。

12年ほどのサイクルのなかで、この２０２３年5月からの1年が、ひとつの「到達点」であり、「飛躍の時間」なのです。

２０１４年から２０１５年くらいにスタートしたことが、２０２３年に「完成」する、と考えることもできます。

ですから、2021年から2023年は、まっしぐらに2023年5月からの時間を目指して「駆け上がっていく」ようなイメージの時間となります。

2021年から2022年前半に経済的な環境が変わり、2022年から2023年前半には大いに勉強ができます。

たとえば、資金的な条件、そしてスキルや専門性といった力を身につけたあと、2023年の大舞台に立つ、といった流れが考えられます。

また、繰り返しになりますが、2020年の終わりから2021年は「出会いの年」です。この時期にビジネスパートナーを得て、それをきっかけとして飛躍の軌道に乗る人も、少なくないかもしれません。

2022年8月下旬から2023年3月は、ともに働く仲間に恵まれるときです。この時期に出会える仲間は、情熱的かつ積極的で、大いに刺激をくれるでしょう。

この３年のなかで、キャリアに大きめの変動が起こりそうな時期をもう少しこまかく見ますと、２０２１年１月から３月頭、６月から７月、２０２２年１月下旬から３月上旬、５月末から８月前半、２０２３年３月以降などが挙げられます。

さらに２０２１年11月から２０２２年３月頭は、より楽しい働き方、自分に合ったライフスタイルを追求できる時期となっています。

・「仕事」と「自由」

少しさかのぼりますが２０１９年３月以降、獅子座の「仕事、キャリア」は、大きな変転の時代に入りました。

革新の時代、大ブレイクの時代、自由の時代と言ってもいいかもしれません。

伝統的な働き方や、古くからの価値観に支配された職場には、もうガマンがならなくなっているあなたがいるのではないかと思います。

また、「自分にはもっと別の可能性があるのではないか？」という直観を得て、新しい道を模索し始めている人もいるだろうと思います。

2020年は星座を問わず、暮らし方や働き方が劇的に変化した人が少なくない「時代」でした。

獅子座の人々は特に、働き方が激変したのではないかと思いますが、それは主に「就労スタイル」「業務のやり方」のような部分の変化だったのではないでしょうか。

もちろん、そうした変化が「キャリアの変化」に直結した人もいるかもしれません。ですが、その「キャリアの変化」が本格化し、大きな花を咲かせるのは、もしかすると2023年5月からの時期となるのかもしれません。

前述の、2023年5月から2024年5月の「飛躍の時間」は、2019年からの「革新の時間」に重なっていくような動きのなかにあるのです。

２０１９年からの「変革」の大きなうねりがまず、土台となっていて、その上に２０２３年から２０２４年、ひとつの大きな金字塔を打ち立てる！といったイメージです。２０１９年からの「大きなうねり」に、具体的かつ象徴的な「かたち」を与えるのが、２０２３年から２０２４年の展開なのです。

具体的な成果や実績、肩書きなどは、キャリアにおけるマイルストーンとも、ステップともなります。また、それが先に進むためのチケットやパスポートとなる場合もあるものです。２０２３年から２０２４年にあなたが手に入れるのは、そういった具体的な「成果」であるはずです。

・勉強について

２０２２年5月から10月、２０２２年12月下旬から２０２３年5月なかばは、熱い「学びの時間」です。この時期、徹底的に自分を鍛えて、より「上」を目指そうとする人が少なくないでしょう。

専門性が磨かれ、視野が広がり、精神的にも大きく成長できるときです。

すばらしい「師」に巡り会う人もいるはずです。

また、ともに学ぶ仲間にも恵まれそうです。

仲間からの誘いや刺激を受けて、猛然と学び始める人もいるだろうと思います。

あるいは、ともに学んだ人々のなかから、この先長くいっしょに歩いていける親友や「相方」を得る人もいるかもしれません。


2022年から2023年の「学び」は、あなたに新しい夢を授けてくれます。

「やってみたいこと」「あこがれ」にまず出会わなければ、夢は生まれません。

星占いの世界では、学びは旅と同じカテゴリーに入ります。

旅をして新しい世界に出会うように、私たちは学ぶことで新しいものに出会えるのです。学ばなければ、夢には出会えません。

多くを知ることは、世の中の矛盾や「巨悪」に気づくことにもつながります。学ぶほどに人間の愚かしさに気づき、心に深い傷を負う人も少なくありません。

ですが、さらにどこまでも学んでいったその先には、いつか、ひと筋の希望が見つかるものだ、とだれかが言っていました。

希望が見つかるところまでたどり着かないまま、学ぶことをあきらめる人もいるけれど、もし「その先」をずっと目指し続けられたら、いつかきっと希望の光が見えるはずだ、と言うのです。

もしそうなら、この時期のあなたは「希望が見つかるまで学ぶ」ことを目指し、希望をつかめるのではないかと思います。

・お金について

２０２１年5月なかばから7月、２０２１年の終わりから２０２２年5月、２０２２年10月末から12月中旬の３つの時間帯に、大きな経済的上昇気流を感じられるかもしれません。

この時期の「上昇・成長」は、あなたひとりの手のなかで起こるのではなく、他者との経済的関わりのなかで生まれます。

なんらかのサポートを得て経済活動が拡大したり、マーケットの変化をうまくとらえて財を殖（ふ）やしたり、社会情勢の変化があなたの活動をあと押しするかたちで作用したり、といったことが起こるのかもしれません。

あるいはだれかから提供してもらったリソースが、すばらしく役に立つのかもしれません。仕事や財を「受け継ぐ」人もいるでしょう。

また、だれかから精神的な薫陶（くんとう）を受けたり、ビジネスやお金についての考え方そのものを一変させるような出来事が起こったりするのかもしれません。

2012年ごろから、経済的な人間関係において漠然とした不安を感じてきた人は、その不安の正体を発見し、より現実的な可能性へと「反転」させることもできるかもしれません。

「長いあいだの不安」を「未来への力強い希望」に変えることができるのが、この時期の不思議な特徴なのです。

ほかに、経済面で動きがありそうな時期は、2021年2月なかばから4月頭、

7月下旬から9月中旬、２０２２年8月から10月上旬、２０２３年1月末から3月中旬、7月から8月、10月中旬から11月頭です。

また、２０２３年6月から10月頭も、経済的・物質的に、うれしいことが多そうです。

住処、生活について

・住処、家族

キャリアや社会的活動に関して「自由」を求めつつある獅子座の人々ですが、この意識は家族との関係や家事などにも向けられます。

伝統的な価値観にもとづく家父長制、親子関係のイメージから抜け出して、「独立した個人」を土台とした人間関係の場として、家庭をとらえ直す人も少なくないでしょう。

家族や親族の関係は多くの場合、立場や上下関係にガッチリ固められているところがありますが、そうした旧来の枠組みを「壊す」試みができそうです。

それによって、よりみんなが「暮らしやすく」なるかもしれません。

この3年のなかで居場所や家族関係が「動く」気配があるのは、2021年10月末から12月前半、2022年10月下旬から11月、2023年10月から11月です。

・生活、健康

2020年は「暮らし」全般について考え、大きな変更をした場面も少なくなかったかもしれません。日常生活における、周囲の人々への責任や義務が重みを増し、かなりつらかった、という人もいるはずです。

2021年には、そうした「重み・つらさ」は、すうっと抜けていきそうです。

2020年に苦労してつくった生活のリズムや動線がきちんと機能し、「うまくまわる」心地よさを感じられるでしょう。

２０２１年11月から２０２２年３月頭は特に、ライフスタイルや暮らしの場、家族とすごす時間を、とても楽しくクリエイトできる時期です。
日々を「ストイックな課題やルールの集積」としてとらえることをやめ、「人生を喜びで充たすには、まず生活を喜びあふれるものにすること」に意識を切り替える人も少なくないでしょう。

２０２１年11月から２０２２年３月頭は、健康や体調に関して、明るい光が射し込む時期となっています。ライフスタイルの変化が、体調の好転に直結します。慢性的な不調や、加齢による問題などに対して、有効な対処法に出会える気配もあります。

２０２０年に大きな不調を抱えた人も、２０２１年には調子が上向きに転じ、年末から２０２２年にかけて一気に好調さを取り戻せそうです。

２０１０年ごろから、依存的な傾向や強迫的な観念など、日常生活を少し困難にするような問題に悩まされていた人は、２０２３年3月以降、トンネルの出口が見えてくるかもしれません。完全にトンネルを脱出するのは２０２４年ごろとなるかもしれませんが、「終わりが見える」ことで、気持ちがラクになるでしょう。

夢、楽しみについて

・夢

２０２２年８月下旬から２０２３年３月にかけて、情熱のすべてをぶつけられるような夢に出会えるかもしれません。

この夢には、挑戦への意志、冒険的試み、闘争心などが色濃く含まれています。

ふんわりほんわかした夢ではなく、ギラギラ輝く太陽のような、刺激的な魅力をはらんだ夢であろうと思います。

闘わなければ手に入らないもの、声を上げなければ実現できないことがあるのかもしれません。

なかには「世の中を変えよう」といった、スケールの大きな夢を持ち、それに向かって行動を起こす人も少なくないはずです。この時期の夢は決して、自分自身を満足させるためだけのものに終わらないのです。

「勉強について」の項でも書いた通り、この夢はあなたの学びから、あるいは仲間との出会いから見つかる気配があります。

ほかに、夢に出会ったり、夢に近づいたり、夢を叶えたりできそうなタイミングは、2021年3月から7月なかば、2022年4月末から7月前半、2023年4月から5月頭、6月中旬です。

また、2021年から2022年頭は、「不思議な幸運」から夢に近づける時期でもあります。「縁」を感じたら少し近づいてみる、という姿勢が功を奏するかもしれません。

・楽しみ

「自分で選べる楽しみ」はもちろん、とても楽しいのですが、人が選んでくれた楽しみも、この時期はとてもおもしろく感じられそうです。

いつもなら自分でどんどん決めてしまうような場面で、あえて「人の選択にゆだねる」ような選択が、新しい楽しみへとあなたを連れて行ってくれるかもしれません。

あるいは逆に、いつもは全部「おまかせ」にしてしまうクセがある人は、あえて自分自身で選び取ってみる、という方針でやってみると、新鮮な楽しさを感じられそうです。

要は、楽しむこと、遊びや趣味の世界において、ふだんとは違った役割分担を試みるとおもしろそうな時期なのです。

いつもかならずだれかといっしょに遊びに行く、という人は、あえてひとりで遊んでみるのもおもしろいかもしれません。

逆に、ふだん単独行動が多いという人は、この時期あえて「人を誘ってみる」ことを試してみると、意外なおもしろさに出会えるかもしれません。

楽しみや遊びに強い追い風が吹くのは、2021年1月頭、10月から11月頭、11月下旬から2022年1月、2022年11月なかばから12月中旬、2023年11月から2024年の年明けにかけてです。

自分、人間関係について

人間関係が大きく動くこの3年、あなたは人と出会い、さらに、自分自身とも新しい出会いを果たすでしょう。

自分ひとりでいるとき、私たちは自分が何者なのか、ほとんど知ることができません。

だれかと出会ったときはじめて、自分とその人の違いに気づき、自分の個性や性格を自覚できるようになります。

人と出会うということは、自分と出会うということなのです。

さらに、人と「本当に出会って」しまったら、私たちは変化せざるを得ません。
変化の大きさはもちろん、さまざまですが、人と出会うと私たちは、好むと好まざるとにかかわらず、「変わってしまう」生き物なのです。

たとえば、いつのまにかだれかの口グセが移っていた、ということはよくあります。テレビで数度見かけただけの流行語を、いつのまにか自分が使っているのは、不思議な現象です。

目の前の相手に気に入られたいと思えば、私たちは無意識に、自分の態度を少しだけ変化させます。たとえばそれが幼い子どもやネコやイヌだったとしても、私たちは相手のために自分を一時的に変え、その「一時的な変化」は、心のなかにじわっと浸透するのです。

強い好意を抱いた相手だけでなく、激しい反感を抱いた相手もまた、私たちをいつのまにか、大きく変えさせてしまいます。

２０２１年から２０２３年、あなたは出会いによって、大きく変化していくでしょう。ですから、「だれと関わるか」ということは、とても大切なテーマです。

尊敬できる人物、愛せる人物、学ぶところの多い人物とともにあることは、すばらしいことです。

ですが、一度「この人は尊敬できる」と思ったのに、関わっていくうちに違和感が増し、「やはり、違った」という思いに至るというケースは、一般にとても多く起こります。

そうしたとき、その人に「背を向ける」のは、とても勇気がいります。一度は尊敬した相手を「尊敬に値しない」と思い直すのは、自分自身を傷つけるような、つらい体験です。ゆえに「見て見ぬ振りをする」ようなことも、珍しくありません。

でも、この3年間の獅子座の人々は、そうした「関わり」におけるさまざまなハードルを、どんどん飛び越えていけるでしょう。

古い選択に固執することなく、自分自身を生き生きと変えていけるでしょう。

強く濃い人間関係を通して、急激に成長を遂げられるのが、この3年間なのです。

第4章

3年間の星の動き

2021年から2023年の「星の動き」

星占いにおける「星」は、「時計の針」です。時計の中心には地球があります。そして「時計の文字盤」である12星座を、「時計の針」である太陽系の星々、すなわち太陽、月、7個の惑星（地球は除く）と冥王星（準惑星）が進んでいくのです。

ふつうの時計に長針や短針、秒針があるように、星の時計の「針」である星たちも、いろいろな速さで進みます。

星の時計でいちばん速く動く針は、月です。月は1カ月弱で、星の時計の文字盤である12星座をひと巡りします。ですから、毎日の占いを読むには大変便利ですが、本書であつかう「3年」といった長い時間を読むには不便です。

年単位の占いをするときまず、注目する星は、木星です。木星はひとつの星座に1年ほど滞在し、12星座を約12年で回ってくれるので、年間占いをするのには大変便利です。

さらに、ひとつの星座に約2年半滞在する土星も、役に立ちます。土星はおよそ29年ほどで12星座を巡ります。

もっと長い「時代」を読むときには、天王星・海王星・冥王星を持ち出します。

占いの場でよく用いられる「運勢」という言葉は、なかなかあつかいのむずかしい言葉です。

「今は、運勢がいいときですか？」

「来年の運勢はどうですか？」

という問いは、時間が「幸運」と「不運」の2色に色分けされているようなイメージから生まれるのだろうと思います。


でも、少なくとも「星の時間」は、もっとカラフルです。

木星、土星、天王星、海王星、冥王星という星々がそれぞれカラーを持っていて、さらにそれらが「空のどこにあるか」でも、色味が変わってきます。

それらは交わり、融け合い、ときにはストライプになったり、チェックになったりして、私たちの生活を彩っています。

決して「幸運・不運」の2色だけの、モノクロの単純な風景ではないのです。

本書の冒頭からお話ししてきた内容は、まさにこれらの星を読んだものですが、本章では、木星・土星・天王星・海王星・冥王星の動きから「どのように星を読んだのか」を解説してみたいと思います。

木星：1年ほど続く「拡大と成長」のテーマ
土星：2年半ほど続く「努力と研鑽」のテーマ
天王星：6〜7年ほどにわたる「自由への改革」のプロセス
海王星：10年以上にわたる「理想と夢、名誉」のあり方
冥王星：さらにロングスパンでの「力、破壊と再生」の体験

ちなみに、「3年」を考える上でもっとも便利な単位のサイクルを刻む木星と土星については、巻末に図を掲載しました。過去と未来を約12年単位、あるいは約30年単位で見渡したいようなとき、この図がご参考になるはずです。

・木星と土星の「大会合」

本書の「3年」の直前に当たる２０２０年12月、木星と土星が空で接近しました。「グレート・コンジャンクション（大会合）」と呼ばれる現象です。

肉眼でもはっきり見える「天体ショー」ですから、その美しい光景を記憶していらっしゃる方も多いでしょう。

あの隣り合う木星と土星の「ランデヴー」は水瓶座、すなわち、獅子座の人々から見て「人間関係、パートナーシップ」を示す場所で起こりました。

2星は２０２１年、ほぼこの場所でいっしょにすごします。

そして翌２０２２年、木星は魚座へと出て行ってしまいますが、土星は２０２３年早春までこの場所に滞在します。

ゆえに本書のかなりの部分が、「人間関係、パートナーシップ」についての記述に割かれることになりました。

このグレート・コンジャンクションは、約20年に一度起こる現象です。ですから2020年年末は「ここから20年の流れのスタートライン」と位置づけることができますし、両者が同じ場所に位置する2021年という時間そのものが、ひとつの大きな「始まりの時間」と言うこともできます。

2020年12月のグレート・コンジャンクションは、獅子座の人々にとって、まさに「出会い」のタイミングだったと言えます。

文字通り、新しいだれか、あるいは「何か」に出会った人が少なくないでしょう。あるいは、あのタイミングが「扉」となって、その先に待っている出会いへと、重要な第一歩を踏み出した人もいるはずです。

さらに、だれかとの一対一の関係において、ドラマティックな変化を経験した人もいるでしょう。「出会い」は、すでに知っている人物とのあいだに結ばれる「新しい関係性」にも当てはまるのです。

・土星の動き

土星は「時間をかけて取り組むべきテーマ」をあつかいます。

たとえば「ひとつの職場には、最低でも3年は在籍したほうがいい」などと言われます。これはもちろん、どんな場合にも当てはまるアドバイスというわけではありません。ですが土星のサイクルに当てはめると、ピンとくる気もします。「石の上にも三年」と言われる通り、3年ほどがんばってみてはじめて「モノになる」ことは、世の中に、けっこうたくさんあります。

それは星占い的に言えば「土星のテーマ」です。

前述の通り２０２０年、土星は獅子座から見て「人間関係、パートナーシップ」の場所に入りました。そこから3年弱の時間をかけて、あなたは他者との関わりの、もっとも深いところに分け入ります。

人との関わりの表面的なところを抜けて、もっと抜き差しならないところに入り込みます。たとえば人のお金を管理することになったり、だれかの財を受け継ぐことになったりするのかもしれません。他者の持っているものや人生に対して、新しい責任を負うことになるのです。

実は、この場所（水瓶座――獅子座の人にとって「人間関係、パートナーシップ」を司る場所）の土星は、ごく「居心地がよい状態」にあるとされます。だれしも自分の部屋にいるときはたいてい、安心できるものですが、それに似て、「土星が自宅にいる状態」なのです。

土星は一般に「制限をかけるもの、孤独、冷却」とされ、重荷や重圧をもたらすと解釈されますが、山羊座と水瓶座においては「よいところが出やすい」と言われるのです。

ゆえに、この3年間の獅子座の「人間関係、パートナーシップ」の物語は、ゆっくりと確実に「前進」していくでしょう。

だれかとの関わりのなかで、時間をかけた着実な成長を遂げられます。

学んだり、成長したり、訓練したりするプロセスでは当然、難問につきあたったり、困難を乗り越えたりする場面も巡ってきます。

ですが、それらが自分の成長や人生において、たしかに必要な体験であるということを、この時期のあなたは深く自覚しているはずです。


幼いころの人間関係は、小さな感情の揺らぎですぐに、壊れたり傷ついたりします。でも、大人になると、少々の摩擦や衝突では、「関係」自体が壊れることにはなりません。問題が起こっても、それを解決しようとたがいに努力します。「相手を大切にする」ということは、「問題を乗り越えて、つきあいを続ける努力をする」

という意志のことだと思います。

２０２０年から２０２３年3月の土星は、獅子座の人々にそのことを教えてくれます。「簡単には壊れないつながり」というものがどのようにつくられるのか、大人としての人間関係とはどのようにすばらしいものか、そのことを学び、体得できるのが、この時間帯なのです。

・木星の動き

２０２０年12月に水瓶座に入った木星は、そこから3年をかけて、あなたから見て「外界」に当たる場所を進んでいきます。

「人間関係、パートナーシップ」から「他者の財、ギフト」、そして「未知の世界、冒険、学び」、さらに「社会的立場、キャリア」。あなたから見てこのような世界を、木星が運行していくのです。

木星は古くから「幸福の星」とされ、「成長と拡大、膨張の星」でもあります。

ゆえにこの3年は、人間関係がふくらみ、経済活動が拡大し、多くを学び、そして、多くを成し遂げられる時間、と位置づけられるのです。

星の「スタートライン」は、自分自身の星座です。

獅子座に木星が巡ってきたのが２０１４年から２０１５年で、そこが木星のスタートラインとなっていました。

そこから10年近くを経て、２０２３年をひとつのゴールとするなら、あなたはここまでどんなルートを歩き、何を目指してきたでしょうか。

２０１４年から２０１５年ごろに志したこと、夢見たことがあれば、２０２３年から２０２４年に、それがやっと叶うのかもしれません。

２０２１年からの3年間は、いわば「10年越しの夢を叶えるための、ラストスパート」の時間ととらえることができるのです。

・木星と海王星のランデヴー

２０２１年5月なかばから7月、そして２０２１年12月末から２０２２年5月、さらに２０２２年10月末から12月中旬の３つの時間は、少々特別な時間と言えます。というのも、あなたから見て「他者の財、ギフト」などを象徴する場所（魚座）に、海王星と木星が同座するからです。

海王星も木星も、この場所（魚座）では「強い力を発揮する」とされています。両者は、魚座の「支配星」だからです。ふたりの王様が帰還し、もっとも強い状態にあるのです。

海王星は漠然としたもの、目に見えないもの、無意識、幻想や美や救済などを象徴する星です。ゆえに、この星が指し示す「出来事」は、アウトラインがはっきりせず、ぼんやりしています。何かが起こっても、その原因がなんなのかがはっきりしません。自覚しにくく、コントロールしにくく、観察も分析もむずかしいのです。

一方の木星は「膨張と拡大の星」で、こちらも多少ボワンとしたイメージはあるのですが、海王星よりはずっと「見える・自覚できる」星と言えます。具体的で、海王星よりははるかにリアルです。


海王星は２０１２年ごろから魚座に位置していました。獅子座から見て「他者の財、ギフト」を象徴するこの場所で、海王星はずっと「目に見えないギフト、かたちのない贈り物」を、あなたに贈り続けてきていました。

かたちがないので、あなたは自分が「ギフトを受け取っている」ということも、よくわかっていなかったかもしれません。

あるいは、「だれかからすばらしい影響を受けている」とは気づいていても、それが具体的にはどういうものなのか、わからずにいたのではないかと思います。

2021年から2022年、木星がこの海王星に重なるように巡ってきます。

つまり、あなたが2012年からずっと「自覚せずに受け取ってきた、かたちのないもの」に、木星がかたちを与えてくれるような状態になります。

かたちがあるほうが、そのギフトはずっと受け取りやすくなります。

あつかいやすくなりますし、理解もしやすくなるはずです。

それを贈り続けてくれた人に、きちんと感謝を述べることもできるようになるかもしれません。

・天王星の動き

天王星はこの3年のあいだ、あなたから見て「社会的立場、キャリア」などを象徴する場所に位置しています。天王星は自由と革命の星であり、テクノロジーと新時代を象徴する星でもあります。

天王星はひとつの星座に7年ほど滞在します。

２０１９年から２０２６年ごろにかけて、あなたは「社会的立場、キャリア」に関して、かつてなく大きな自由を求めて行動していくことになります。

天王星は「流行、社会的に新しく注目を集めるもの」を象徴する星でもあります。ゆえに、この星が「キャリア」の場所にくると、「取り組んでいる仕事において『ブレイク』を果たせる」と読むこともできます。

新しい時代を切りひらくような活動ができ、そこに多くの人が注目することになるわけです。

流行の最先端をいくような活動、「時代の寵児（ちょうじ）」と呼ばれるような活躍をする人も、少なくないかもしれません。

２０１９年からの約7年の時間のなかでも、２０２０年からの3年は特別な時間と言えます。というのも、木星や土星が水瓶座を通る時間だからです。

水瓶座は天王星の「自宅」なので、天王星はほかの星座にいるときも、常に本国の水瓶座と太いパイプを持っているのです。

水瓶座に木星と土星が入っている時間は、そこで起こった変化や動きの成果が、勢いよく牡牛座（獅子座から見て「社会的立場、キャリア」などを象徴する場所）に流れ込みます。

本書前半の「風景」の部分で、「だれかと目標を共有する」と述べたのは、この配置を読んだものでした。

出会いがあり、だれかとの結びつきがあって、その関係から、あなたのキャリアや目標に向かって、星の力がどーんと流れ込んでいく、というイメージの配置なのです。

だれかと手を取り合い、重力から自由になり、宇宙に向かって旅に出るような、とてもダイナミックな星回りです。

・冥王星の動き

冥王星は2010年ごろから「就労関係、義務、責任、健康、生活習慣」などを象徴する場所に位置しています。

この星が次の場所、あなたから見て「人間関係、パートナーシップ」の場所へと移動を開始するのが、この2023年3月です。

私たちは人間関係のなかで、ある「立場、役割」を担います。

会社組織のような場ではもちろん、学校のクラスやサークル、家庭のような場でも、自然に役割分担や立場性が生まれます。

2010年ごろから、あなたの役割や立場、義務や責任は、非常に大きく強力な意味を持つようになったのではないでしょうか。

あのころから今に至るまで、あなたはその役割のなかで強烈な影響を受け、変容を迫られ、その変容のプロセスのなかで、新しい生命力のようなものを得たのではないかと思うのです。


あるいは2010年ごろから、あなたはある立場や役割に「縛りつけられている・支配されている」ような感覚で生きていたかもしれません。

人に必要とされ、人を必要としながらも、その義務や責任から「逃れられない」という思いを抱いていたのではないかと思うのです。

人は人と助け合い、関わり合って生きていくものですが、その関係が「決して逃れられない」ような、アリジゴクのごときものであれば、苦悩や苦痛も生じます。

そうした苦悩を生きるなかで、人間観や人生観が大きく変化したかもしれません。

人が人を必要とするということの意味を、かつてないかたちでとらえ直すことができたかもしれません。

特に2020年に、前記のテーマが大きく動いたはずですが、2021年からの

3年のなかで言えば、2021年11月から2022年3月頭にかけて、前向きな変化が起こるかもしれません。

そして、このプロセスは2023年3月、一段落します。完全に終了するのは2024年ごろになりますが、2023年のなかで、トンネルの出口が見えてくるはずです。


2023年以降、あなたはより深く密度の濃い「一対一の関係」に踏み込むことになります。そこでは、立場や役割、任務ということよりも、「関係性」そのものがテーマとなるでしょう。

2021年から2023年の「人間関係、パートナーシップの季節」は、はっきりと自覚しやすいドラマですが、2023年3月以降の冥王星のドラマは、最初はほとんど認識できないだろうと思います。ここから2043年ごろにまたがって、他者との関わりのなかで「人生の再生」の物語が展開していきます。

第5章

獅子座の世界

獅子座の世界

獅子座の人々は特別な「目」を持っています。

その「目」でごく冷静に他者や世界、物事を観察します。

人の欠点や醜い部分もすぐに見抜いてしまいますが、獅子座の人々は不思議と、

「人を欠点で断罪する」ことを避けます。

弱い人や卑しい人にも生きていく権利があり価値がある、ということを、獅子座の人々は心の底から信じているのです。

獅子座の人々は「自己中心的」と言われることがあります。

これは、決して悪い意味ではありません。生きていく上で「中心」が他人に移し替えられたり、どこにあるかわからなくなったりするのは、ちっともいいことではありません。

獅子座の人々の「自己中心」は、自分が生きていく世界の中心に常に自分がいる、ということです。人のせいにしたり、人に依存したり、人に飲み込まれたりしないでいられる、ということなのです。

獅子座の人々は、感じやすく傷つきやすい心を抱えています。ですが決して、その弱みを人に見せようとはしません。ゆえに、その苦悩は孤独です。獅子座の人々は、苦悩の孤独から逃げ出そうとはしません。

むしろ、その孤独こそが、誇りや自信の源泉となっているようにも見えます。

獅子座の人々は愛情深く、輝くような心を持っています。「目」のほかに、心臓も獅子座の管轄ですが、獅子座の人々はたしかに「lionhearted（獅子のハートを持つ、勇敢な）」です。

獅子座の人の勇敢さは、人生に立ち向かう勇敢さであり、孤独に立ち向かう勇敢さです。情熱的に愛し、闘い、栄光を勝ち得ようとする勇敢さです。

獅子座の人々は、人の欠点や弱ささえ愛することができます。つまり、愛が本来持っている意味を、獅子座の人は完全に実現できるのです。

獅子座の「孤独」は、「愛のない人生」を意味するものではありません。むしろ、真に人を愛する力を持つ人は、人間であればだれもが抱えている孤独を耐える力を持っています。

孤独から逃げたり、孤独をごまかそうとしたりする偽物の愛は、獅子座の世界とは完全に無縁のものなのです。

獅子座の星

獅子座は太陽の星座であり、王様の星座です。

古来、獅子座という星座は「王」のイメージと結びつけられているのです。

メソポタミア時代の星図では、ドラゴン（ウミヘビ座）に乗る獅子として描かれます。

その勇猛果敢なイメージの通り、獅子座の人々はどっしりとした自己を持ち、太陽のように明るく楽観的で、人にあたたかな印象を与えます。

愛情深く、正義感が強い一方で、辛辣なユーモアのセンスも持ち合わせています。

太陽は、星占いの世界では、「意志、意識、行動、理性、論理、権力、目的意識、父なるもの」などを象徴します。

人間が生きていく上で、もっとも重要な「柱」のような部分です。

私たちはだれもが弱さを抱えていますし、無意識に行動してしまいます。「思わず」「出来心で」「なんとなく」といった具合に、目に見えないものに押し流されてしまいがちです。

そうした、目に見えない圧倒的な力の前で「いや、まてよ」と踏みとどまり、何ものにも流されまいとして闘おうとするのが、太陽の機能です。

どんな運命に巻き込まれても、どんなに予想外のことが起こっても、私たちが自分の内なる太陽に立ち返れるかぎり、人生には希望があります。

太陽は、自分で自分の人生をつくりあげようとする、人間の強い思いです。
生命力そのものであり、生きる意味です。
朝、太陽が昇ると、幽霊も、妄想も、不安も、すべて吹き飛ばされます。
太陽のもとにすべての人があたたまります。
私たちが食べるものはすべて、太陽の恩恵のもとに育まれます。

獅子座という星座は、そんな太陽の論理で営まれる世界です。

おわりに

シリーズ3作目となりました『3年の星占い　2021-2023』をお手に取っていただき、まことにありがとうございます！

3年ごとに出る本、ということで、首を長くして待っていてくださった読者のみなさまもたくさんいらっしゃり、本当にありがたく思っております。

また、今回はじめて手に取ってくださったみなさまにももちろん、お楽しみいただける内容となるよう、力を尽くしたつもりです。

ひと昔前、まだコンピュータが一般的でなかったころは、星の位置を計算するだけでも大変な作業で、星占いはどちらかと言えば「むずかしい占い」でした。たった20年ほど前、私が初学のころは、天文暦を片手に手計算していたものです。それが、パソコンが普及し、インターネットが爆発的に広まった結果、だれもが手軽に星の位置を計算した図である「ホロスコープ」をつくれるようになりました。今ではスマートフォンでホロスコープが出せます。

こうした技術革新の末、ここ数年で「星占いができる」人の数は、急激に増えてきたように思われます。

とはいえ、どんなに愛好者の人口が増えても、「占い」は「オカルト」です。決して、胸を張って堂々と大通りを闊歩できるようなジャンルではありません。むしろ、こっそり、ひそやかに、「秘密」のヴェールに守られて楽しんでこその「占い」ではないか、という気もします。

もとい「占いを楽しむ」という表現自体、ちょっと首をかしげたくなるところもあります。この表現はこのところごく一般的で、私も「お楽しみいただければと思います」という言い方をしばしば用います。でも、実際はどうだろうか、と思うのです。

占いははたして、「楽しい」でしょうか。

もちろん「仲のよい友だちといっしょに、旅先で占いの館を訪れて、おたがいに結果を見せ合う」とか、「飲み会に占いの本を持ち込んで回し読みしてワイワイやる」などのシチュエーションなら、占いは少しドキドキする、楽しいエンタテインメントです。

ですが、その一方で、不安や悩みを抱え、追い詰められた人が、「藁(わら)にもすがる」

思いで占いに手を伸ばすとき、その思いは「楽しさ」とはかけ離れています。

「占い」は、楽しく、ちょっとふざけたものである一方で、非常に真剣で、極めて切迫したものとなるのです。恥ずかしながら私自身も、冷たい汗をかくような強い不安のなかで、占いに救いを求めた経験があります。


とりわけ2020年、全世界が突如、冷水を浴びせかけられたような、いわゆる「コロナ禍」に陥りました。多くの人々が突発的に、経済的な問題、人間関係上の問題、健康問題など、切実極まる問題に直面しました。

この人々が、いったいどんな気持ちで、こっそりと占いに手を伸ばしたことでしょうか。

それを想像するだけでも、胸を締めつけられるような思いがします。

日々私が書いている「占い」は、そうした、悩める心にこたえるものだろうか。

残念ながら私には、それに「こたえられる」自信が、まったくありません。


「占い」の記事は、フィクションやノンフィクションといった一般的な読み物と違い、読み手が自分自身の人生に、占いの内容をぐいっと引き寄せたとき、はじめて意味を持ちます。

ゆえに、読むタイミングが違えば、同じ占いの記事でも、まったく別の意味を持つことがあります。


最近、インスタグラムで、前作、前々作の『3年の星占い』の画像をアップしてくださっているのをしばしば見かけます。それらの画像に写る本の姿は、カバーも折れたり、スレたり、ヨレたりして、くたっとくたびれています。

そんなになるまで何度も読み返し、そのたびに違った意味を汲み尽くしていただいたのだ、と、心がふるえました。

私が書いたつもりのことを超えて、みなさんの手に届き、その人生に触れたときに、はじめて生まれる「意味」があるのではないか。

少なくとも今は、そのことを信じて、本書をお届けしたいと思います。

こんなことを書いた上で、あえて申し上げたいのですが、この『3年の星占い』、みなさまに「楽しんで」いただけることを、私は心から願っているのです。

というのも、ここからのみなさまの「3年」が、真にゆたかで希望にあふれる、幸福な時間となるならば、この本もおのずと「楽しくなる」に違いないからです！

太陽星座早見表

(1930 ~ 2027年/日本時間)

太陽が獅子座に入る時刻を下記の表にまとめました。
この時間以前は蟹座、この時間以後は乙女座ということになります。

生まれた年	期間
1954	7/23 18:45 ~ 8/24 1:35
1955	7/24 0:25 ~ 8/24 7:18
1956	7/23 6:20 ~ 8/23 13:14
1957	7/23 12:15 ~ 8/23 19:07
1958	7/23 17:50 ~ 8/24 0:45
1959	7/23 23:45 ~ 8/24 6:43
1960	7/23 5:37 ~ 8/23 12:33
1961	7/23 11:24 ~ 8/23 18:18
1962	7/23 17:18 ~ 8/24 0:11
1963	7/23 22:59 ~ 8/24 5:57
1964	7/23 4:53 ~ 8/23 11:50
1965	7/23 10:48 ~ 8/23 17:42
1966	7/23 16:23 ~ 8/23 23:17
1967	7/23 22:16 ~ 8/24 5:11
1968	7/23 4:07 ~ 8/23 11:02
1969	7/23 9:48 ~ 8/23 16:42
1970	7/23 15:37 ~ 8/23 22:33
1971	7/23 21:15 ~ 8/24 4:14
1972	7/23 3:03 ~ 8/23 10:02
1973	7/23 8:56 ~ 8/23 15:52
1974	7/23 14:30 ~ 8/23 21:28
1975	7/23 20:22 ~ 8/24 3:23
1976	7/23 2:18 ~ 8/23 9:17
1977	7/23 8:04 ~ 8/23 14:59

生まれた年	期間
1930	7/23 23:42 ~ 8/24 6:25
1931	7/24 5:21 ~ 8/24 12:09
1932	7/23 11:18 ~ 8/23 18:05
1933	7/23 17:05 ~ 8/23 23:51
1934	7/23 22:42 ~ 8/24 5:31
1935	7/24 4:33 ~ 8/24 11:23
1936	7/23 10:18 ~ 8/23 17:10
1937	7/23 16:07 ~ 8/23 22:57
1938	7/23 21:57 ~ 8/24 4:45
1939	7/24 3:37 ~ 8/24 10:30
1940	7/23 9:34 ~ 8/23 16:28
1941	7/23 15:26 ~ 8/23 22:16
1942	7/23 21:07 ~ 8/24 3:57
1943	7/24 3:05 ~ 8/24 9:54
1944	7/23 8:56 ~ 8/23 15:45
1945	7/23 14:45 ~ 8/23 21:34
1946	7/23 20:37 ~ 8/24 3:25
1947	7/24 2:14 ~ 8/24 9:08
1948	7/23 8:08 ~ 8/23 15:02
1949	7/23 13:57 ~ 8/23 20:47
1950	7/23 19:30 ~ 8/24 2:22
1951	7/24 1:21 ~ 8/24 8:15
1952	7/23 7:08 ~ 8/23 14:02
1953	7/23 12:52 ~ 8/23 19:44

生まれた年	期間
2003	7/23 15:05 ~ 8/23 22:08
2004	7/22 20:51 ~ 8/23 3:53
2005	7/23 2:42 ~ 8/23 9:46
2006	7/23 8:19 ~ 8/23 15:23
2007	7/23 14:01 ~ 8/23 21:08
2008	7/22 19:56 ~ 8/23 3:02
2009	7/23 1:37 ~ 8/23 8:39
2010	7/23 7:22 ~ 8/23 14:27
2011	7/23 13:13 ~ 8/23 20:21
2012	7/22 19:02 ~ 8/23 2:07
2013	7/23 0:57 ~ 8/23 8:02
2014	7/23 6:42 ~ 8/23 13:46
2015	7/23 12:32 ~ 8/23 19:37
2016	7/22 18:31 ~ 8/23 1:39
2017	7/23 0:16 ~ 8/23 7:20
2018	7/23 6:01 ~ 8/23 13:09
2019	7/23 11:52 ~ 8/23 19:02
2020	7/22 17:38 ~ 8/23 0:45
2021	7/22 23:28 ~ 8/23 6:35
2022	7/23 5:08 ~ 8/23 12:16
2023	7/23 10:52 ~ 8/23 18:01
2024	7/22 16:46 ~ 8/22 23:55
2025	7/22 22:31 ~ 8/23 5:34
2026	7/23 4:14 ~ 8/23 11:19
2027	7/23 10:06 ~ 8/23 17:14

生まれた年	期間
1978	7/23 14:00 ~ 8/23 20:56
1979	7/23 19:49 ~ 8/24 2:46
1980	7/23 1:42 ~ 8/23 8:40
1981	7/23 7:40 ~ 8/23 14:37
1982	7/23 13:15 ~ 8/23 20:14
1983	7/23 19:04 ~ 8/24 2:06
1984	7/23 0:58 ~ 8/23 7:59
1985	7/23 6:36 ~ 8/23 13:35
1986	7/23 12:24 ~ 8/23 19:25
1987	7/23 18:06 ~ 8/24 1:09
1988	7/22 23:51 ~ 8/23 6:53
1989	7/23 5:46 ~ 8/23 12:45
1990	7/23 11:22 ~ 8/23 18:20
1991	7/23 17:11 ~ 8/24 0:12
1992	7/22 23:09 ~ 8/23 6:09
1993	7/23 4:51 ~ 8/23 11:49
1994	7/23 10:41 ~ 8/23 17:43
1995	7/23 16:30 ~ 8/23 23:34
1996	7/22 22:19 ~ 8/23 5:22
1997	7/23 4:15 ~ 8/23 11:18
1998	7/23 9:55 ~ 8/23 16:58
1999	7/23 15:44 ~ 8/23 22:50
2000	7/22 21:43 ~ 8/23 4:47
2001	7/23 3:27 ~ 8/23 10:27
2002	7/23 9:16 ~ 8/23 16:17

石井ゆかり（いしい・ゆかり）

ライター。星占いの記事やエッセイなどを執筆。

12星座別に書かれた「12星座シリーズ」（WAVE出版）は、120万部を超えるベストセラーになった。『月で読む あしたの星占い』（すみれ書房）、『12星座』『星をさがす』（WAVE出版）、『禅語』『青い鳥の本』（パイインターナショナル）、『新装版 月のとびら』（CCCメディアハウス）、『星ダイアリー』（幻冬舎コミックス）ほか著書多数。

LINE公式ブログで毎日の占いを無料配信しているほか、インスタグラム（@ishiiyukari_inst）にて「お誕生日のプチ占い」を不定期掲載。

毎晩、録り溜めた『岩合光昭の世界ネコ歩き』を30分ずつ見てから寝る。ネコは飼っていない。

Webサイト「筋トレ」http://st.sakura.ne.jp/~iyukari/

参考文献

『完全版　日本占星天文暦　1900年―2010年』魔女の家BOOKS
『増補版　21世紀占星天文暦』魔女の家BOOKS　ニール・F・マイケルセン
『Solar Fire・gold Ver.9』（ソフトウエア）Esoteric Technologies Pty Ltd.

[本書で使った紙]

本文　OKプリンセス
表紙　ブンペル ソイル
カバー・帯　ヴァンヌーボV ホワイト
別丁扉　タント D-54
折込図表　タント R-11

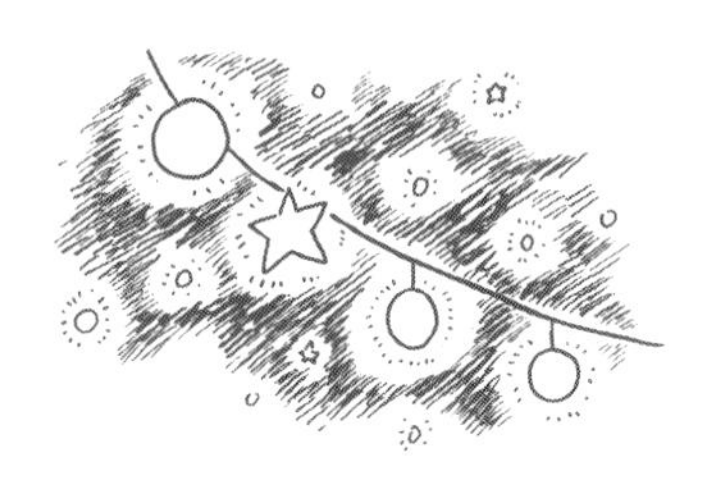

3年の星占い　獅子座
2021年－2023年

2020年12月10日第1版第1刷発行
2022年 1 月26日　　　第7刷発行

著者
石井ゆかり

発行者
樋口裕二

発行所
すみれ書房株式会社
〒151-0071　東京都渋谷区本町6-9-15
https://sumire-shobo.com/
info@sumire-shobo.com〔お問い合わせ〕

印刷・製本
中央精版印刷株式会社

ISBN978-4-909957-11-5　Printed in Japan
NDC590　159p　15cm